出会いの贈り物

山下萬里説教集 上

YOBEL Inc.

御言葉に導かれて——まえがきにかえて

このたび東所沢教会牧師を辞任隠退するに当たって、教会のお薦めで説教集を出していただくこととなりました。上下二巻ということで、私としては、五、六冊目の説教集となります。前著同様、教会暦の主日日課によるものです。私が教会暦を用いるようになって四〇年以上となりますが、その頃教会暦を用いる人はあまり多くありませんでした。

ある時私は、突然クリスマスになったり、復活祭になったりするのはおかしいと思い始めました。そして古い時代から、それぞれに準備の期節が備えられていることを知りました。クリスマス前のアドヴェントも復活祭前のレントもそうです。どんな準備を、どのようにすべきなのか。それが教会暦を用いるようになったきっかけです。

しかし、四回のアドヴェントの主日だけでは、預言から始める以外になく、しかも日本では、クリスマス前の主日にクリスマス礼拝をしてしまうので、三回の主日だけとなってしまいます。そこで教団の「新しい教会暦」では、九回前の主日から降誕前節として始めることとしました。ほんとうは教会の一年はここから始まるのですが、この説教集では、便宜上、上巻は、降誕節第一主日礼拝から始め、聖霊降臨節第三主日礼拝まで、下巻は聖霊降臨節第四主日礼拝から始まって降誕日（クリスマス）の終わりまでとなっています。

教会暦は、カトリック教会、聖公会、ルーテル教会などでは、古くから用いられていましたが、個人は別として、日本キリスト教団の中で、最初に教会暦を取り上げたのは、かつての農村伝道委員会でした。農村では生活と季節は切り離せないものでしたから、関心が強かったのでしょう。もう何時ごろのことであったか、忘れてしまいましたが、「教会の四季」という小冊子を出されました。その次に私が覚えているのは、教育委員会が教会学校教師養成講座の一環として出した『教会学校のこよみ』（一九五三年発行）です。その後、宣教研究所も取り上げましたが、一九六二年に宣教研究所第一分科が、深津文雄先生を執筆者として出版した『教会暦における聖書日課の解説』は、今も良い本だと思います。

次第に教会暦に対する関心も高まり、一九七五年『新しい教会暦』（二年サイクル、後に三年サイクル）が編まれました。私のはこれによっています。現在、より豊かな御言葉の糧をいただくことができるようにと願って、四年サイクルの主日日課の検討が進められ、二〇〇〇年一〇月から、つまり降誕前第九主日から試用されることになっています。

教会暦の主日日課は、講解説教の時のように、聖書の継続朗読ではありませんので、何かばらばらのように見えますが、聖書全体を神の救いの歴史（救済史）として捉え、各期節にはそれぞれのテーマがあるので、内容的には筋が通っています。また、それぞれの主日にもテーマがあり、その趣旨に沿って、旧約書、福音書、使徒書、詩編から聖書の箇所が選ばれています。私は礼拝において、詩編は交読として用い、旧約書と、福音書か使徒書のいずれかを読むことにしています。

宗教改革者たちは説教を非常に重んじました。これは聖書を中心とする宗教改革者たちにとっては当然のことでしたが、もうひとつの理由があります。当時のカトリック教会はミサが中心でしたから、説教はあまり重んじられず、また神父たちの中には説教ができないほど無学な人が多かったと言われます。加えて、礼拝においてはラテン語しか用いることが許されていませんでしたから、信徒たちには何の意味かもわからず、ただ神秘性だけが感じられていました。こうして説教はしばしば聖人伝の朗読に変えられたということです。ですから説教を重んじることは正しかったのです。ルターは「少しでも神の言葉が説かれず、祈りがなされないならば、キリスト者会衆は集まるべきではない」とまで言いました。主日礼拝だけでなく、週日にも聖書の連続講解説教礼拝を行いました。つまり礼拝は説教礼拝だったのです。しかしその結果、やがて礼拝は説教会になっていったのです。人々は、説教が聞ければよいとし、説教がいいかどうかだけを問題にし、教会における聖書は説教のために読まれるものとなりました。

しかし礼拝は説教会ではありません。礼拝は全体として、〈御言葉の想起〉、神がキリストにおいて与えてくださる恵みの想起、〈御言葉の確認〉、神がキリストにおいて与えてくださる約束の確認、〈告白〉、御言葉に対してアーメンと言うこと、そして〈派遣〉、恵みの御言葉を携えてこの世に出て行くことです。礼拝において教会は自らの原点に立ち返り、神の赦しの言葉と、恵みとあわれみの言葉を聞かせられ、更に派遣の言葉を聞かせられるのです。教会は賛美と告白をもって、神、キリスト、聖霊との交わりにあずかる具体的な場を持ちます。教会は礼拝において、何を語り、何をしなければならないかを教えられ、自分自身を理解します。

私は説教が中心ではなく、その日の御言葉が中心であり、説教を始めとして礼拝のすべての要素は、その御言葉に奉仕するものと考えています。讃美歌もそのために入念に選び、少々重荷ではありましょうが、オルガニストの方々にもできるだけその日の御言葉に基づいて選曲してほしいと言います。こんなわけで、私は礼拝における聖書朗読を重視します。元々聖書は朗読されるべきものでした。聖書に章節が示されるのも朗読のためです。ルカ四章一六節以下に注目すべきことが記されています。主イエスはイザヤ書六一章一、二節を朗読され、そして言われました、「この聖書の言葉は、今日、あなたがたが耳にしたとき、実現した」(同二一節)。その後、聖書を読むことと、聖書朗読を聴くことは違うことだということを知りました。

まだ神学校にいた時のこと。当時寮では交代で礼拝を担当することになっていました。ある日、二人の先輩が話しているのが耳に入りました。「聖書朗読を聞くと、その人が日頃どんなに聖書を読んでいるか、わかるよな」「そうそう、事前に準備したってだめだよ」と。その時は「そんなばかかな」と思ったのですが、今は本当だと思います。私はひとりで聖書を読む時にも朗読されることをお勧めします。朗読に最も適しているのは、言うまでもなく文語訳です。口語訳は朗読しにくいのです。その点、新共同訳は朗読されるように配慮しています。しかしそれは、新共同訳の訳が一番良いということではありません。

礼拝の中での説教の役割は、この日の御言葉の前に群れ全体で立ち、恵みの御言葉を聴くように導き、応答を促すことにあると考えています。神の言葉は恵みの言葉であると共に、私たちを祝福し助力する命令でもあります。

私の説教が変えられた二つの出来事があります。自分で変えようとして変えたのではありませんが、自分では気づかなかったことです。ひとつはベテル聖書研究です。内容については省きますが、これによって聖書を全体として捉え、神の救いの歴史として読み、その流れの中にこの日の御言葉を置く視点を与えられました。もうひとつはアシュラムです。これによって、今、ここで、私に語られている御言葉を聴き、これに従うということを教えられました。そして私たちの中に働くのは、私の説教ではなく、神の言葉であることを知りました。Iテサロニケ二章一三節はこう記しています。「このようなわけで、わたしたちは絶えず神に感謝しています。なぜなら、わたしたちから神の言葉を聞いたとき、あなたがたは、それを人の言葉としてではなく、神の言葉として受け入れたからです。事実、それは神の言葉であり、また、信じているあなたがたの中に現に働いているものです」。

私は四七年にわたる牧会生活の中で、結局信仰の中心は聖書であること、それもひとりびとりが聖書に聴くことであることを知らされました。多くの人は、説教を聞いたり聖書講義を聞いたりすることが、御言葉を聞くことだと思っていますが、そうではありません。自分で聖書から直接御言葉を聞かなければ、それは本当の信仰の力になりません。私自身話すために聖書を読むことが多く、自分が聖書に聴くことの少なかったことを告白せねばなりません。そして私は、読むことと聴くこととの違いに注目させられています。

読むということは私たちの主体的な行為です。従って読みたい時に読む、読みたくなければ読まないということになります。気に入ったところは読むが、気に入らないところは読まない。私たちは自分の意志で聖書を開いて読む、読んだところは目を通して頭に入る。いくらかは留まるが、大部分は忘却の中に消え失せる。そして時間が来れば、あるいは嫌になれば、聖書を閉じる。何も起こらない。

しかし聴くことには語り手があり、語り手に主体があります。語り手は私に聴くことを求めます。語り手の言葉を受け入れるのでなければ、聴いたことにはなりません。そして語り手は応答を求めます。応答する時、語られた言葉は出来事となります。私たちが聖書の言葉を神の言葉として聴くとはそういうことなのです。主イエスがしばしば、言葉を聞くだけの者にならないで、聞いて行う者になりなさい、と言われたのはそのことです。聖書は聴かれ応答されることを求めています。それが聴従ということです。聖書はなぜ二千年、四千年にもわたって読み続けられているのか。それは御言葉が、時間を越え、場所を越え、状況を越えて、聴き続けられ、応答し続けられているからです。

私たちはしばしば言います、「今日の説教は（あるいは今日の御言葉は）あの人に聞かせたかった」と。ある人が言いました、「主日ごとに先生が熱心に話してくださるのに、みんな何を聞いているんでしょうね」。この人自身が御言葉を聞いていなかったことがわかったのは、それから間もなくのことでした。これは私たちのことです。

御言葉は私たちを生かし、生命を与えます。恵みを与え、慰めを満たします。力を新たにし、導きます。しかし、御言葉は私たちに決断を迫り、応答を求めます。それは御言葉が祝福と助力の命令だからです。そこに祈りが生じます。信仰生活（教会生活）とは、家では日毎に聖書を読み、主日には教会で礼拝を守る生活のことではありません。信仰生活とは、神が私に何かをしてくださるのではなく、神の言葉が私たちの中に働いてくださることです。ある人が書いていました、「神の言葉とは『要求と祝福の言葉』であって、私たちがそれに服従することに同意し、喜びに満ちて感謝することによって完全となるのである。私たちの生命、私たちの歴史のすべてが、神からの呼びかけを受けている。その呼びかけを受けて私たちの応答がある」（ピーターソン『牧会者の神学』日本基督教団出版局）。

私は主日礼拝を重視します。しかし主日礼拝を守ることを、教会員の義務とは考えていません。初代のキリスト者たちは、喜びをもって主日に集まりました。それと共に安息日には会堂の礼拝にも参加しました。彼らは主イエスをキリストと信じましたが、まだユダヤ教から離れたわけではなかったからです。やがてユダヤ教とはっきり縁を切る時が来て、主日の礼拝だけが守られるようになりましたが、これをモーセの十戒の第四戒、安息日の規定に結びつけることはしませんでした。なぜなら、安息日を土曜日から日曜日に変えたわけではなく、主日は主の復活の祝日だったからです。長く苦しい迫害の時代にも、キリストの共同体は発展を続けました。そしてその時代にも主日礼拝の遵守を、第四戒に基礎づけることはありませんでした。

キリストの共同体が、主日礼拝を第四戒に基礎づけるようになったのは、コンスタンティヌス帝が「日曜日を公休日とする勅令」を発して（三二一年）からのこととされています。この勅令は礼拝を外的な妨害から守るためだったのですが、やがて第四戒を日曜日に適用して、礼拝への規則的参加を求めることとなり、これに応じて間もなく違反者に対する罰則が定められました。この頃から礼拝軽視が起こり、礼拝が生き生きとした力を失ったのは皮肉なことです。

礼拝のしらけ現象が問題とされ出してから、もうかなりの時がたちます。教会は、会堂を新しくし、パイプオルガンを設置し、礼拝形式を変えるなど、苦心を重ねてきましたが、改善の兆しは見えていません。私には、礼拝の中に御言葉に聴従する気風がみなぎると共に、キリスト者ひとりびとりが御言葉に聴従する姿勢を持つことによって、キリストの共同体が生き生きとしてくると、共同体の礼拝も生き生きとしてくるのではないかと思っています。讃美歌一八一番三節にあるように、「ささぐるうたには　ちからもなく　たたえのこえだに　くちにいでず」という状態にあるべきではありません。私は共同体の礼拝と、個人の礼拝としての生活とは、深い関係にあると思っています。個人の礼拝としての生活は、共同体の礼拝を真実なものとしますし、共同体の礼拝は、個人の礼拝としての生活の雰囲気と気風を育てます。それには神とキリストへの信頼に基づく御言葉への聴従以外にありません。IIテモテ三章一五～一七節にはこうあります。「この書物は、キリスト・イエスへの信仰を通して救いに導く知恵を、あなたに与えることができます。聖書はすべて神の霊の導きの下に書かれ、人を教え、戒め、誤りを正し、義に導く訓練をするうえに有益です。こうして、神に仕える人は、どのような善い業をも行うことができるように、十分に整えられるのです」。

私が初めて主任牧師となった時、よいと思えることは何でもやりました。何がほんとうに大事なことか、わからなかったからです。そして次の教会に移った時、やはり聖書しかないと、聖書の学びに集中しました。しかし反省がありました。私の聖書研究の成果を聞いて学んでもらうことが、大事なことではない。一人びとりが直接聖書から聴いていただかねばならない。私のなすべきことは、信徒の方々から聖書を取り上げることではない。聖書に関心を寄せ、興味を抱き、そこから聴くことがどんなに意義深く、喜ばしいことかを知っていただくことにあると思いました。しかしこれは至難のことでした。

その時出会ったのがアシュラムでした。言うまでもなく聖書は神の言葉です。神の言葉は理解されることを求めません。感動することを求めません。神の言葉は聴いて従うことを求めています。ルターは「聖書は畏敬の念をもって、おそれつつ神の言葉の前に立ち、常に、わたしに教えて下さい、わたしに教えて下さい、と懇願する謙虚な読者を求めている。うぬぼれを打ち砕くのは聖霊である」と言っています。

今日私たちは、印刷された聖書をそれぞれ手にしているので、聖書を読みます。礼拝で聖書が朗読される時にも、各自は聖書を開きます。私は時々、これは果たしてよいことなのだろうか、と疑問を抱きます。あまりにも読むことにこだわり過ぎているのではないか、と。このように御言葉を読むことになれた私たちが、御言葉を聴くようになるためには、時間と黙想が必要となります。黙想は読むことから聴くことへ、転換する心の働きです。

この時、御言葉に対してどう向かうべきかについて、大事なことが三つあります。

第一は姿勢です。私たちはそのことを使徒一〇章三三節から示されます。ヤッファからペトロを招いて、百人隊長コルネリウスは言います、「今わたしたちは皆、主があなたにお命じになったことを残らず聞こうとして、神の前にいるのです」。注目すべきは、「主があなたにお命じになったこと」という言葉と、「神の前にいるのです」という言葉です。前者はペトロの言葉を神の言葉として聞こうとしていることを表しています。後者の、「神の前にいる」という言葉は、ひれ伏す、身を投げ出すことを含んでいます。これが神の言葉を神の言葉として聴く姿勢です。その時神の言葉は私たちの中に働くのです。

第二は受容です。ヨハネ四章五〇節はこう伝えています。「イエスは言われた。『帰りなさい。あなたの息子は生きる』。その人は、イエスの言われた言葉を信じて帰って行った」。神の言葉を信じて受け入れることです。

第三は聴従です。私はこれが神の言葉として受け入れるということだと信じています。そしてそれが弟子となることです。主イエスは話を聞いて感心する人を求められません。敢えて言うなら、信者を求められません。主は弟子を求めておられます。聴従する人を求めておられます。ヨハネ一〇章二七節はこう主の言葉を伝えています。「わたしの羊はわたしの声を聞き分ける。わたしは彼らを知っており、彼らはわたしに従う」。私は決してよい弟子ではありませんでした。しかし、神の言葉に曲がりなりにも聴従させていただいた時、それは出来事となり、私の語る聖書の言葉を、神の言葉として聴いてくださった時、それが出来事となるのを見させていただきました。

私はこのようにして、欠けた器ながら牧師として任を果たさせていただきました。神のあわれみというほかはありません。同時にこれを聴いてくださった群れがあったからです。私は礼拝は喜びの時だと信じています。教会、信じる者の群れは、喜んで集まり、喜んで御言葉を聴く群れでありたいと望んできました。そして礼拝のたびに、群れの聴こうとする姿勢に励まされました。リュティが「背後にとりなしの祈りを捧げる会衆のいない説教者はすべて、最もうまくいった場合でも、『学者のように語る』か、あるいは、悪くいった場合は、演説家のように語るほかないからである」(リュティ／トゥルナイゼン『説教・告解・聖餐』新教出版社)と言ったことを忘れることができません。私はこの背後の祈りに感謝し、この説教集を東所沢教会の群れにささげます。

なお、本書の聖書引用は、日本聖書協会発行の『聖書　新共同訳』を使用させて頂きました。

出会いの贈り物――山下萬里説教集（上）

もくじ

表紙装丁デザイン・神名部幸子

〈降誕節第一主日礼拝〉

預言の成就

イザヤ書一四章三～一一節

こうして、預言者エレミヤを通して言われていたことが実現した。

マタイによる福音書二章一六～二三節（一七節）

最初のキリスト教会は、主イエスの復活には深い関心を持っていましたが、降誕には関心を示しませんでした。パウロは主イエスがマリアから生まれたことは知っていた筈ですが、一度も降誕には触れていません。ただガラテヤ四章四節に「しかし、時が満ちると、神は、その御子を女から、しかも律法の下に生まれた者としてお遣わしになりました」とあるだけです。従って復活祭は早くから祝われるようになったのですが、クリスマスが祝われるようになったのは三世紀になってからだと思われます。

しかし降誕日についての記述は聖書にはないので、勝手に日を決めていたようです。四世紀の前半、ローマ教会の中にキリストの誕生についての関心が高まり、やがて一二月二五日に祝われるようになりました。この日はローマ暦の冬至に当たり、不滅の太陽の誕生日として祝われ、ローマ帝国の休日でした。キリスト教会はこの日を、まことの世の光であるイエス・キリストの誕生を祝うにふさわしい日として、換骨奪胎してしまったのです。

東方教会ではこれとは別に、キリストの顕現、この世へのあらわれを祝う習慣がありました。主の顕現エピファニーは広い意味ですから、誕生ばかりでなく、東方の博士達の来訪、受洗、なども含んでいました。それが一月六日とされたのは、これもエジプト暦の冬至に当たり、やはり太陽神の祭りと関連していたからです。やがてこれらは整理され、一二月二五日がクリスマス、一月六日がエピファニー、顕現祭、栄光祭、公現日などと名づけられ、東方の博士達の来訪を覚える日とされました。この期間がクリスマスシーズンです。ですから私たちは今もクリスマスの中にいることになり、この期間中はクリスマスの飾りをはずさないならわしとなりました。そして一月一日は主の降誕から八日目に当たり、主の命名日とされています。今日、プロテスタント教会では、顕現祭も命名祭も特に祝われませんが、ただ、クリスマスが正月を挟んで、一三日間も祝われたことは心に留めておきたいと思います。

さてクリスマスの主役はもちろんイエス・キリストですが、ルカ福音書ではマリアが重要な役割を担っているのに対して、マタイ福音書ではヨセフが重要な役割を担っています。ヨセフに受胎告知がないのは当然ですが、マタイでは天使の告知を受けるのはヨセフです。それも一度ならず、四回も夢でおつげを受けています。しかしヨセフの役割はあくまでも控えめで、御言葉に仕えることに徹しています。そしてこれ以後マタイ福音書においてもヨセフは姿を消します。私はヨセフの視点からもう一度降誕物語を見直す必要を感じています。

またマタイ福音書では、成就したとして引用される旧約聖書の言葉が目につきます。しかしマタイは、預言者達が預言の成就を期待したのとは違った形で、預言の成就を見ました。彼は、旧約聖書のメシア預言がこういう形で成就したというのではなく、降誕をめぐって起こる出来事の中に神の働きを認識するという形で、神の言葉の成就を見たのです。同二章は全体としてひとまとまりをなしています。そして同一～一二節の東方の博士達の来訪の出来事は、同一六～一八節のヘロデの残虐行為につながり、同一三～一五節のエジプト逃亡は、同一九～二三節のエジプトからの帰国につながっています。ルカは主イエスの降誕をいろいろの事がらを挙げて、その時代確定を図っていますが、マタイはただ「ヘロデ王の時代に」とするだけです。

ヘロデは紀元前四〇年に、ローマ皇帝によってユダヤの王に任命されました。紀元前六三年以来、ユダヤはローマの属領になっていたからです。しかし彼はユダヤ人ではなく、イドマヤ人でしたから、ユダヤ人は彼を嫌っていました。従って任命されたものの、王としての実権を握ったのは三年後、武力によってでした。彼は奸智にたけた残忍な男でした。ユダヤ人の好意を得ようと、いろいろの建造物や施設を造り、ことに神殿の修理拡張をなし遂げたのですが、ユダヤ人の反感を除くことはできませんでした。従って東方の博士達がエルサレムに来て、ユダヤ人の新しい王の誕生の場所を尋ねた時、動揺したのは当然のことでした。彼は禍を芽のうちに摘み取ろうと考えたのです。それが「見つかったら知らせてくれ。わたしも行って拝もう」（同八節）という言葉の隠された意図であり、「ヘロデのところへ帰るな」というお告げの意味です。ここで引用されているのはミカ書五章一節であり、ベツレヘムはダビデの出身地、メシアも彼の子孫としてベツレヘムで生まれるとされるメシア預言です。しかしマタイはこの預言が成就したとは記していません。

今度は天使はヨセフに、エジプトに逃亡します。エジプトに逃げるようにと告げ、ヨセフは夜のうちに幼な子とその母とを連れてエジプトに逃亡します。ここで引用されているのはホセア書一一章一節です。このところはメシア預言ではありません。ここは旧約聖書の中で、神の愛について語られた最も偉大で最も美しいところです。「イスラエルが幼かった頃、わたしはこれを愛し、エジプトからわたしの子を呼び出した」となっています。つまりここは本来は、神の言葉に基づく出エジプトの出来事を意味していました。本当に主イエスのエジプト逃亡があったかどうか、私たちには確かめようがなく、マタイが用いた資料にはあったとする以外にありません。そしてマタイは主イエスの誕生をモーセと結びつけたのです。

このことはマタイ二章二〇節で一層明らかとなります。ヘロデの死後、天使はエジプトでヨセフに現れて告げます、「起きて、子供とその母親を連れ、イスラエルの地に行きなさい。この子の命をねらっていた者どもは、死んでしまった」。出エジプト記では、ヘブライ人であることを自覚したモーセが、同胞のヘブライ人を助けようとしてエジプト人を殺してしまい、ファラオの手を逃れてミディアンの地に身を隠します。そこで結婚し、子供をもうけ、また召命を受けるのですが、出エジプト記四章一九節に神がモーセに告げた言葉がこう記されています、「さあ、エジプトに帰るがよい。あなたの命をねらっていた者は皆、死んでしまった」。モーセは妻子を連れてエジプトに帰り、やがて神の召命に従って出エジプトの大事業に取り組むこととなります。

ヘロデが紀元前四年に死んだことは確かです。そうすると主イエスの誕生は、紀元前六年から同四年の間となります。いわゆる西暦の紀元元年とは食い違うことになりますが、イエス・キリストがお生まれになったから今年を紀元元年にしようなどということではなく、何百年も経ってから計算して、大体これぐらいと決めたことですから止むを得ません。ヘロデの死後息子たち、アルケラオ、アンティパス、フィリポの三人が王国を分割、それぞれにローマ皇帝によって領主に任じてもらいました。アルケラオはユダヤ、サマリア、イドマヤを支配しましたが、彼は無能な暴君でした。ヨセフが恐れたのはそのためです。そしてガリラヤはアンティパスが支配していたところです。アルケラオは紀元六年、ユダヤ人の訴えによって追放され、以後この地域はローマの直轄地として総督が置かれるようになりました。

ナザレは今でこそ人口四万五千のアラブ人の町ですが、当時は一寒村に過ぎず、旧約聖書には一度も出てきません。従ってマタイ二章二三節の「彼はナザレの人と呼ばれる」は旧約聖書の言葉ではありません。その上原文ではナゾラ人なのです。しかしマタイはこれをナザレの人の意味で用いたのであり、使徒言行録でも、原文ではナゾラ人イエス・キリストと用いられ、後にはユダヤ人たちがキリスト教徒のことを、ナゾラ人たちと呼んだことが知られています。主イエスがナザレに住まれたことは事実であり、マタイはどこかでこの引用文を知っていたのでしょう。

ところで同一六〜一八節は不思議です。ヘロデは博士たちに騙されたと憤慨するのですが、勝手なものです。彼自身博士たちを騙そうとしたのですから。彼は時期を確かめ、人を送って、ベツレヘムのその周辺一帯の二歳以下の男の子を一人残らず殺させたのです。但しこのことは史実的に立証することはできません。ただ、邪悪なヘロデは、自分が死ねばユダヤ人が喜ぶだろうと、全国のユダヤ人指導者たちを投獄、あるいは処刑するように命じていたと言われます。そんな彼であれば起こり得たと思われます。それにしても輝きと喜びに満ちたクリスマスにまつわって、こんな暗い悲惨な出来事がなぜ記されねばならないのか。この恐ろしい事件も預言の成就なのでしょうか。マタイは深い配慮のもとに言葉を用い、同一五節でも同二三節でも、「預言者たちを通して言われていたことが実現するためであった」と、この出来事が神の御計画であったことを表していますが、同一七節では、「預言者エレミヤを通して言われていたことが実現した」として、このことは神の御計画ではなかったことを暗示しています。

引用はエレミヤ書三一章一五節です。ラケルは姉レアと共にヤコブの妻となった女性です。彼女はヨセフとベニアミンの母、そしてベニアミンを産むと間もなく死に、ラマに葬られました。ラマがどこかについて二つの説があります。ひとつはエルサレムの北方、ベテルへ向かう途中。このほうが確かなようなのですが、古くからラマはベツレヘムとする説がありました。今日、ベツレヘムのそばにラケルの墓があり、今もその前で泣き祈るユダヤ人女性の姿があると言われます。エレミヤは紀元前五九八年と五八七年、二回にわたって捕囚となった人々の長い列が、ラケルの墓のそばを引かれ行く姿を見て、愛する人々が連れ去られるのを見る人々の嘆きと、愛する子ヨセフを連れ去られたラケルの嘆きとを重ね合わせています。もっともヨセフが兄たちによってエジプトに売られたのは、ラケルの死後のことではありますが。

この出来事がここに記された意図は何か。ある人は、ヘロデの魔手が主イエスに及ばなかったと強調しますが、それでは殺された男の子たち、子供を失った親たちはどうなるのか。私は「一三年目のクリスマス」と題する小説を読みました。粗筋を述べるに止めます。マリアが一三歳のイエスを連れてベツレヘムを訪れました。その時彼女はその美しさのゆえに、一三年前幼な子を殺された親たちに見とがめられ、復讐を受けそうになります。その時、一三年前、彼らを憐れんで自分の家に泊め、幼な子の誕生を祝ってやり、あげくに末っ子を殺された男が、叫ぶように語る、「聞いてくれ。悲しい思いは同じだ。しかし俺は今考えている。主は先祖がエジプトにいた時、イスラエルの男の子がファラオの命令で殺されるのを忍ばれた。幼な子たちの嘆きは顧みられないように見えたが、その中からモーセを生き残らせ、指導者としてお立てになった。神の御計画は俺たちにはわからないこともある。一三年前のあの晩のことを思い出してくれ。誰聞くともなく、誰歌うともなく歌ったあの歌声を。もう一度、それを歌ってみた上で、主のお示しを受けよう」。どこからともなく緩やかな歌声が起こり、段々大きく広がってくる。人々はいつの間にか、自分も歌っているのに気がついた。空には星が出た。星空からも歌が聞こえるようだった。その時、人々は天来の声を聞いた。「いと高き所では神に栄光があるように、地の上では、み心にかなう人々に平和があるように」。

美しい。しかしこれはマタイの意図ではないようです。それは引用句エレミヤ書三一章一六、一七節にあるようです。「主はこう言われる。泣きやむがよい。目から涙をぬぐいなさい。あなたの苦しみは報いられる、と主は言われる。息子たちは敵の国から帰ってくる。あなたの未来には希望がある、と主は言われる。息子たちは自分の国に帰ってくる」。マタイは主のこれからの歩みを、出エジプトの出来事と結びつけただけでなく、第二の出エジプトである捕囚からの解放と結びつけたのです。しかも三〇年後、主が殺された人々の仲間となられることによってです。彼は、主の生涯が枕する所もない生涯であっただけでなく、クリスマスは十字架の影に置かれていることを示しているのです。預言者エレミヤを通して言われたことが実現した。

こんな出来事の中にも預言の成就を見るというのでしょうか。私は自分のことを覚えずにはおられません。一九六七年、娘が自ら命を絶った時、私たちは心身共に打撃を受けました。一段落したある日、一人の教会員の来訪を受けました。型どおりのお悔やみを述べられた後、こう言われました、「こんなことを言って失礼ですが、先生はあまりに立派で近寄りがたく、私たちのようなものの悩み苦しみはとても打ち明けられませんでした。しかし今度のことを通して先生を身近に感じられるようになりました」。私はその時、イザヤ書五三章三節の預言「彼は多くの痛みを負い、病を知っている」が成就したことを悟りました。こうして私は、少しは人々の苦しみや悲しみを判ってあげることへ道を開かれたのです。また、このことを通して私は、IIコリント四章一〇節「わたしたちは、いつもイエスの死を体にまとっています、イエスの命がこの体に現れるために」という預言が成就したことを知りました。娘は再び離れることのないように、死をもって私をキリストに釘付けにしたのです。

預言は成就します。預言の成就のために出来事が起こるだけではなく、出来事の中に預言は成就します。神は主イエスを遣わされ、主イエスを通して預言を成就されます。今日もまたそうです。それらの一切は、そして神の言葉は、私たちの救いの方向へと働きます。

（一九九八年一二月二七日）

〈新年礼拝（降誕節第二主日礼拝）〉

救いの歴史

ヤコブはマリアの夫ヨセフをもうけた。このマリアからメシアと呼ばれるイエスがお生まれになった。

出エジプト記一三章一一～二二節

マタイによる福音書一章一～一七節（一六節）

一月一日が主イエスの命名日とされているのは、主の降誕日を一二月二五日にしたことによって起こったことですが、イスラエルでは誕生から八日目が命名の日だからです。そしてそれはまた男の子は割礼を受ける日でもあったことが、ルカ二章二一節に記されています。

生まれた男の子をイエスと名付けることは、ルカにおいてはマリアへの受胎告知の時に、マタイではヨセフへの告知の中で、いずれも「その子をイエスと名付けなさい」と告げられています。イエスという名前は「ヤハウェは救い」という意味ですが、特別な名前ではありません。旧約聖書の時代には、ヨシュア、ヨシヤという名がそれであり、主イエスと同時代にもイエスという名がほかにもあり、新約聖書のなかにも登場します。しかし後のユダヤ人は、イエス・キリストへの反感のゆえにこの名前を退けてしまい、キリスト者は主イエスへの敬意のゆえにこの名を用いることを避けました。

名付けるということは重要な意味を持っています。聖書の中では名前は何らかの意味で、その人の本質を表すものでした。聖書の言葉使いでは、単に名前を付けたということではなく、名を呼ぶことです。そして人は、その名前を付けられた意図に基づいてそう呼ばれていくことによって、その名前の人になって行くのです。従って名前には預言的な意味もあることになります。そして主イエスは、まさにその名にふさわしい方となって行かれたのです。

さて、今日は命名後初めての主日です。この日の主日日課に出エジプト記一三章一一〜二二節が与えられているのはどんな意味があるのでしょう。私はこう考えることの中に、聖書の読み方についての大事な示唆があるように思います。一年の間にはいくつかの教会の祝日、記念すべき日があります。教会は長い間かかって、それを迎える準備をどのようにすべきか、それを迎えた後どのように深めて行くべきかを定めました。それが教会暦です。教会はそれにひとつの方向を与えました。単なる季節の移り変りとするのではなく、神の救いの歴史という視点から全体を見たのです。それぞれの主日に意味を与え、それにふさわしい聖書日課を選んで来ました。旧約書と使徒書と福音書とを関連づけ、一層意味を深めるようにしたのです。従って私たちは、ひとつには今日の主日日課にこの聖書の箇所が示されているのにはどんな意図があるのかと考えることになります。もうひとつにはここで選ばれている旧約書と使徒書と福音書には、どんな関連があるのかと考えてみることです。そうすると一層明確になると共に、深みと幅が生じるのです。

出エジプト記一三章一一～二二節は初子《ういご》の奉献についての規定です。しかし前後をよく見ると、出エジプトの出来事の間に、過越祭の規定、除酵祭の規定、初子奉献の規定がはさみ込まれています。つまりこれらの規定はみな、出エジプトの力強く恵みに満ちた救いの出来事を想起するためです。初子の奉献はもっと古くから行われていたものでしょうが、このことも、神がエジプトのあらゆる初子を打たれたのに対して、イスラエル民族の中では初子は打たれることがなかったことと結びつけられています。こうしてイスラエル民族はエジプトから新しい救いの歴史の中へと歩み行くこととなります。

ここには人の初子についてどうするのかは記されていませんが、レビ記一二章によりますと、八日目の命名から三三日後、つまり出産から四〇日後、清めの期間が終了すると、雄羊一匹を焼きつくす献げ物、家鳩または山鳩一羽を贖罪《しょくざい》の献げ物とすることが決められています。ただし、貧しくて雄羊に手が届かない場合には、二羽の家鳩、または二羽の山鳩をもって代えることが許されていました。出エジプト記一三章一四節の言葉は極めて重要です。あなたの子供が「これはどういう意味があるのですか」と尋ねる時は、こう答えなさいと、出エジプトの救いの出来事を語るようにと言われています。もちろん、この時贖われる幼な子がそんなことを問う筈はありませんから、両親は子供に「あなたはこうして私たちのものになったのよ」と話して聞かせるのです。すると子供が尋ねる、そして両親はその意味を言って聞かせる。こうして子供は、自分が神の救いの歴史の中に置かれていることを知って行くのです。

ルカ二章二一節の割礼、命名に続いて、二二節以下の初子の贖いが記されているので、一緒にしてしまいがちですが、これは命名から三三日後のことです。マリアとヨセフが幼な子をエルサレムに連れて行って、山鳩ひとつがいか、家鳩のひな二羽と言われているのに従って、初子奉献を行ったということは、彼らがこうした定めに忠実であったことと同時に、雄羊に手が届かない貧しさの中にあったことをも示しています。その時、神による贖《あがな》いの業、救いの歴史は新しい始まりを持つこととなりました。この時の幼な子イエスは、後にご自身贖いの供え物となられ、人々つまり私たちを贖われます。神は御自分の初子主イエスを贖いの供え物とされることによって、すべての人を御自分のものとして贖われた(買い戻された)のです。

さて、今日のもうひとつの聖書の箇所はマタイ一章一〜一七節です。「今年は元旦から聖書通読を始めるぞ」と決心した人が、最初にここを読んで挫折します。何とも味気のないチンプンカンプンの名前の羅列ですから。私の父方は系図も何もありません。三代も遡れば分らなくなってしまいます。従って私自身も系図には何の関心もありません。しかし母方は平家に繋る家柄で、れっきとした系図があるそうです。従って母方の親戚は系図に関心があります。私たちはこの系図を見ますと、マタイは系図に関心があり、主イエスはダビデの子孫であることを系図で証明しようとしたのだなどと思ってしまうのですが、そうではありません。確かに主イエスはダビデの家系ではあったようです。しかしマタイはそのことより、主イエスはアブラハムの子孫であることを強調したかったのです。表題も、「アブラハムの子ダビデの子」ではなく、「アブラハムの子、ダビデの子、イエス・キリストの系図」です。なぜなら、アブラハムにおいて神の救いの歴史は始められました（創世記一二章）。アブラハムは異邦人も含む神の救いの約束の担い手であり、それが主イエスによって実現したのです。それでマタイは、「地上の国民はすべて、あなたによって祝福に入る」で始まった神の救いの歴史を、マタイ二八章一九節「すべての民をわたしの弟子にしなさい」で締めくくりたかったのです。

この系図は特色あるものです。アブラハムから三節のペレツとゼラまでは創世記、ペレツからエッサイまではヨシュア記とルツ記、エッサイからダビデまではサムエル記上下、ソロモンからエコンヤまでは列王記上下、シャルティエルとゼルバベルは歴代誌上下、ハガイ書ゼカリヤ書。しかし一三節のアビウドから一五節のヤコブまでは、もう確かめることができません。そしてヨセフに至ります。ことにダビデ、ソロモンは統一王国ですが、レハブアムからエコンヤまでは南ユダ王国の歴代の王の名前です。つまりマタイはこの系図で、アブラハムに始まる旧約聖書における神の救いの歴史をまとめたのです。ですからここに登場する名前がどんな人物で何をしたか知っている者にとっては、系図は興味つきないものであるばかりか、旧約聖書全体がいきいきと心に浮かび上がってくることになります。私はそれが、マタイ福音書が新約聖書の最初に置かれた理由だと思っています。

しかしマタイは一四代ということにひどくこだわっているようです。一四が完全数七の倍数だからでしょう。しかし、南ユダ王国の王の名前では四人の名前が欠けての一四代であり、バビロン捕囚以後では、エコンヤを二度数えての一四代です。こうしたことは何かの意図によるものなのか、単純なミスだったのか、今となっては確かめようがありません。それとも三つの時代に区分することによって、アブラハムからダビデまでを上昇する歴史、ダビデからエコンヤ、バビロン移住までを下降する歴史、バビロン移住からヨセフまでを埋没する歴史として示したのでしょうか。私には神の救いの歴史は、時に上昇線をたどり、時には下降線を下り、そして時には消え失せてしまったようになる。しかしいずれにしても神の救いの歴史です。決して消え失せてしまうことはない。時到ると、思い掛けない形でひらめきわたるように現れる。それが主イエスです。マタイはそう語りたかったように思います。

この系図には注目すべきことが二つあります。ひとつは、三節のタマル、五節のラハブとルツ、六節のウリヤの妻という四人の女性の名前です。イスラエル民族の系図に女性が登場することはありません。その上ここに登場するのは、サラ、リベカ、ラケルといった有名な女性たちではなく、取るに足りないと思われ、しかも問題性を持った女性たちです。タマルのことは創世記三八章に出てきます。タマルはユダの長男の嫁でした。しかし夫が死んだので次男の嫁になります。ところが次男も死んだので、父親ユダは三男と結婚させることを躊躇しました。三男も死んでは困ると思ったのです。これはイスラエルの定めに反することでした。タマルは遊女に身をやつしてユダに近づき、彼によって子供を宿すのです。夫の家名を絶やさぬために。ユダはそのことを知りますが、自分の悪いこともわかっていたので、不問に付します。非常手段かもしれませんが、良いことではありません。キリスト教以前のユダヤ教では、タマルは外国の女性とされています。

ラハブのことはヨシュア記二章に出てきます。彼女はエリコの遊女でした。ヨシュアはエリコを攻略しようとして二人の斥候を派遣し、彼らはラハブの家に泊まります。それがエリコの王の知るところとなり、二人の引き渡しを要求されます。ラハブは二人をかくまい逃がしてやったので、エリコ攻略の時にその一家と共に助けられます。彼女がサルモンと結婚したことは聖書にはありませんが、彼女はイスラエル人ではありません。

ルツはルツ記のヒロインです。確かに彼女は優しい働き者の女性で、姑ナオミに忠実に仕え、その結果、ボアズと結婚することになるのですが、彼女はイスラエル人ではなく、モアブ人でした。ウリヤの妻バト・シェバのことはサムエル記下一一章に記されていますが、マタイはウリヤの妻としか記しません。そのことによってダビデの姦淫の罪と、部下であったヘト人ウリヤを見殺しにさせた罪を指摘しています。この時生まれた子供は結局死にますが、その次にバト・シェバから生まれたのがソロモンです。しかしこのことはダビデの生涯における唯一の、しかも最大の汚点でした。ウリヤがヘト人であったように、バト・シェバもイスラエル人ではなく、ヘト人であったとされています。かつてはこのような女性の名前を系図の中に取り入れることによって、主イエスはそのような系図の中に身を置き、それを担われたのだということが強調されたのですが、今はむしろ、神の救いの歴史は、こうした異邦の女性を含んでいるのだということを、マタイは示そうとしたのだと捉えられています。

もうひとつのことはマリアです。マタイ一章一六節の書き方は目を引きます。「ヤコブはマリアの夫ヨセフをもうけた。このマリアからメシアと呼ばれるイエスがお生まれになった」。ルカも三章二三節以下にイエス・キリストの系図を書いています。こちらはヨセフから始まって遡り、アダムに、そして神に到っています。ルカは主イエスは神の子であったと示したかったのです。その系図の冒頭にこう記されています。「イエスはヨセフの子と思われていた」。ルカはマリアの苦悩を描きません。私たちはそれを行間に感じ取る以外にありません。簡単に「お言葉どおりに」などと言えることではなかった筈です。

マタイはヨセフの苦悩を描きます。婚約者マリアが身ごもった。それを不問に付したまま結婚することはヨセフの良心が許さない。さりとて裏切り行為と表沙汰にすれば、マリアは石打ちに処せられるだろう。このジレンマにヨセフは苦悩する。そしてひそかに縁を切る決意をする。そうすればマリアの命は助かる。しかし彼はその時お告げを受け、マリアを妻に迎える決心をします。それはこれからマリアに降りかかるであろう一切のことを、一緒に担おうと決意したことを意味します。その上に立っての一六節です。そうであればこれは次のことを示します。主イエスにおいて始まった新しい救いの歴史は、今までの救いの歴史の延長線上にはない。しかし今までの歴史を担い取ってなされる。今までの救いの歴史の最後の担い手ヨセフは、その全存在をあげて新しい救いの歴史にかかわろうとするのです。

一年の最初の主日にここが読まれることは意味深いものがあります。私たちは神の救いの歴史の中に置かれています。旧約から新約へ、神の救いの歴史は続いています。しかし同時に、それは繰り返し繰り返し新しくされながら、新しい展開を示します。神の救いの歴史は好調の時だけでなく、不調の時、見えない時にもなされています。それを信じる時、私たちは希望を持ち、することに方向を与えられ、していることに意味を見いだします。私たちは今、救いの歴史のこの年における新しい始まりの時に立っています。

（一九九九年一月三日）

〈降誕節第三主日礼拝〉

聖霊の洗礼

出エジプト記一四章二一～三一節

イエスも洗礼を受けて祈っておられると、天が開け、聖霊が鳩のように目に見える姿でイエスの上に降って来た。すると、「あなたはわたしの愛する子、わたしの心に適う者」という声が、天から聞こえた。

ルカによる福音書三章一五～二二節（二一、二二節）

主イエスの宣教活動の始まりを、ルカは「民衆はメシア、キリストを待ち望んでいた」と書き始めます。マタイにもマルコにもこの言葉はありません。彼らはいずれもパレスチナの地でその福音書を書いたので、キリスト待望について書く必要がなかったのでしょうが、ルカは違います。主としてギリシア・ローマ世界の信徒たちに向けて、その当時のパレスチナの様子を知らせる必要を感じたのでしょう。

すでに紀元六年、ヘロデの後継者アルケラオはローマによって追放され、ユダヤ、サマリア、イドマヤの地域はローマ総督によって統治され、ヘロデ・アンティパスがガリラヤ、ベレアの領主であり、フィリポがガリラヤ湖東方一帯を支配していました。アンティパスはヘロデより小者でしたが、建設好きなところと、ずるがしこさは受け継いでいたようです。彼はナバテア王の娘と結婚していましたが、離婚し、異母兄弟の娘、つまり姪のヘロディアと結婚します。これはどうやら野心家であったヘロディアの筋書きだったようです。最初ヘロディアはこれも彼女の叔父に当たるボエトスと結婚していたのですが、夫の政治的無能に満足できず、アンティパスをそそのかしてナバテア王の娘を離縁させ、自分が後釜に座ったのです。これは律法に反する行為でした。バプテスマのヨハネが責めたのはそのことであり、アンティパスはヨハネをマケラスの要塞に幽閉しました。そしてヨハネの処刑はヘロディアのさしがねでした。彼女が、実の兄アグリッパがローマから王の称号を得たのを妬み、夫アンティパスをけしかけ、ローマ皇帝に王位を要求させたところ、かえって疑われ、夫アンティパスと共にガリヤ、今のフランスに追放されたのは、後の紀元三九年のことでした。

当時パレスチナの人々は、ローマによる人頭税、領主による関税物品税、エルサレムの神殿税と、三重の税金に苦しんでいました。主イエスの故郷ガリラヤはゼロータイ、熱心党の根拠地でした。ゼロータイはローマおよびヘロデの支配を嫌悪し、武力抗争を続けていました。ローマから見れば彼らは山賊であり強盗でした。主イエスと引き替えに釈放されたバラバもゼロータイでしょうし、主イエスと一緒に十字架につけられた二人の強盗もゼロータイと思われます。十字架の処刑はパレスチナにおいては、反乱者に対してしか用いられなかったからです。

人々はメシア、キリストの出現を待ち望み、事実この時代には何人かの自称メシアが現れ、その度にローマの厳しい弾圧を受けました。

紀元六年以後、ユダヤ、サマリア、イドマヤの地域はローマ総督によって統治されましたが、ローマ総督は決してユダヤ人を理解しようとはせず、しばしばユダヤ人の感情を逆なでするようなことを行いました。ポンティオ・ピラトは五人目の総督であり、紀元二六年～三六年まで任にありましたが、最低の男でした。伝えられるところによれば、彼の行政は、賄賂と暴力行為と強奪と乱行と侮辱と、裁判手続きなしの処刑と絶え間のない残虐行為から成り立っていたと言われます。ルカ一三章一節は、ピラトがエルサレム神殿に犠牲をささげようとしてきたガリラヤ人を虐殺し、その血を犠牲の血に混ぜたことを記しています。このことはここにしかないので確かめることができません。しかし彼が紀元三六年にローマに召還され、審問を受けたのは、サマリア人の訴えによるものでした。サマリアの聖所があったゲリジム山にモーセ時代からの聖具が埋蔵されているとの預言に従って、多数のサマリア人が集まったところを、ピラトは手当たり次第に虐殺したのです。サマリア人はピラトの上司シリヤ総督に抗議し、抗議は受理されました。ですからありそうなことなのです。

一方、当時の宗教的指導者であるサドカイ派は、金持ちの祭司階級貴族階級でしたから、時の権力と結びつき、神殿を中心とした自分たちの権利と利益を守ることにのみ関心がありました。他方、ファリサイ派は中産階級に属していました。律法を厳格に守ることによって信頼と尊敬を得ていましたが、彼ら自身は律法を守らない、守り得ない人々を軽蔑していました。一般の人々はこの二派からは何の助けも得ることはできませんでした。

こうして人々はメシア、キリストを待ち望んでいました。従ってバプテスマのヨハネは、人々の待ち望むキリストと自分との関係を明確にしなければなりませんでした。「ひょっとしてこの人がキリストではないだろうか」と心の中で考えている人々に彼は言います、「わたしはあなたたちに水で洗礼を授けるが、わたしよりも優れた方が来られる。わたしは、その方の履物のひもを解く値打ちもない。その方は、聖霊と火であなたたちに洗礼をお授けになる」（ルカ三章一六節）。

バプテスマのヨハネの洗礼とは何だったのか。洗礼は決してヨハネの創意創案ではありません。すでにユダヤ教の中で、祭儀的な清めを目的とする〈洗うこと〉がありました。シナゴグの中にそのための水槽が設置されていました。また死海のほとりにあるクムラン宗団ではこのことが特に強調され、清さを保つための洗いは頻繁になされていたようです。さして広くない居住地の至るところに水槽の跡がありました。しかしクムランではこの洗いは、入信の儀式ではありませんでした。ユダヤ教では後に、異教徒からユダヤ教へ改宗する際、洗いが行われるようになりました。それは改宗者にとっては一回限りのことですが、本来のユダヤ人はこの洗いを受ける必要はありませんでした。従ってヨハネが荒れ野で、罪の赦しを得させる悔い改めの洗礼を宣べ伝えた時、ユダヤ人は衝撃を受けたと思われます。

マタイとルカは、この時のヨハネの説教を記していますが、その中心は近づく天の国、神の裁きです。人々はメシアを迎えるために罪の悔い改めをし、そのしるしとしての洗礼を受けたのです。ですからヨハネの洗礼はユダヤ教の洗うことではありませんでした。どんなにひどい汚れであっても、洗うことによって除くことができますが、罪は洗うことによって除くことができません。必要なのは悔い改め、つまり自己中心から神中心への方向転換、さらには神の方へ向き続ける決意です。従ってヨハネはこの洗礼の中で「悔い改めにふさわしい実を結べ」と言うのです。そうでなければアブラハムに属する神の民と自任していても、切り倒され、別の人が神の民として立てられることになる、と警告します。

マタイはこの時、洗礼を受けようとして来た多数のファリサイ派やサドカイ派の人たちに対して、「まむしの子らよ」とヨハネが叱りつけたことを記していますが、それはありそうにないことです。ファリサイ派とサドカイ派とは対立していましたし、どちらも悔い改める必要など感じていなかったからです。後に神殿で彼らが主イエスに、「何の権威でこんなことをするのか」と問うた時、主イエスから「ではヨハネの洗礼は天からのものか、人からのものか、答えなさい」と切り返されて、返答ができなかったことが記されています。彼らはヨハネの洗礼を信じていなかったのです。

悔い改めはただ悪かったと思うことではなく、ふさわしい実を結ぶことによって完結します。方向転換になぞらえて言うなら、間違った方向から正しい方向へ向きを変えるだけでなく、その方向へ一歩を踏み出すこと、踏み出し続けることによって意味を持ちます。ヨハネは特別なことを要求しません。極めて日常的なことです。よけいに持ってる人は、必要なものを持っていない人に分けてやりなさいということです。徴税人に仕事を止めろとは言いません。規定以上に取り立てるなです。兵士を止めろとは言いません。ゆするな、だますな、自分の給料で満足せよです。しかしその主旨は神の教えに率直に従うことです。

ルカ三章一六節を直訳的に言うなら、「わたしはあなたがたを水で浸した。しかし、その方はあなたがたを聖霊と火の中に浸されます」となります。ヨハネにとって悔い改めの洗礼とは、古い人の死と、そこから引き上げられる時の新しい生の始まりだったのです。それが人生における方向転換、悔い改めの意味です。しかしヨハネは自分の限界を知っていました。それだけでは人を新しくすることはできないことを知っていました。彼は「わたしより優れた方は、聖霊と火で洗礼をお授けになる」と言います。マルコでは「聖霊によって」ですが、ルカがそう言った時、ルカの念頭には聖霊降臨の出来事が浮かんでいたことでしょう。

さて、主イエスはバプテスマのヨハネのところへ来て、洗礼を受けられました。実は、聖公会の教会暦によれば、今日（降誕節第三主日礼拝）が主イエスの洗礼日として覚えられているのです。しかし、ヨハネの洗礼は罪の赦しを得させる悔い改めの洗礼でしたから、古くから教会の中に、なぜ、という疑問がありました。マタイ三章一三節以下の記事では、ヨハネが主イエスの洗礼を止めようとした時、主は「今は止めないでほしい。正しいことをすべて行うのは我々にとってふさわしいことです」と言われたことが記されています。こうしてヨハネは主イエスに洗礼を授けるのですが、この時主イエスの名による洗礼は、ヨハネの洗礼を継承しつつ、それに新しい意味を与えるものとなりました。

ルカはそういうことをすべて省きました。ルカでは、ヨハネは洗礼を受けに来られた主イエスを認識していません。民衆に混じって主イエスも洗礼を受けられました。そして祈っておられる時、自分に降ってくる聖霊を御覧になり、天からの声を聞かれたのです。「あなたはわたしの愛する子。わたしの心に適う者」。ルカは、主イエスがご自分を、洗礼を受けに来た人々とまったく同一化されたことを示すと共に、この時の聖霊降臨と天からの声を主イエス御自身の内的経験としています。ある人は、主イエスはこの聖霊降臨によって神の子となられたのだと主張しますが、それは福音書記者の意図ではないでしょう。これは確認であり、メシア、キリストとしての出発であります。そしてこの時、キリスト教会におけるイエス・キリストの名によって授けられる洗礼は、新しい意味を獲得することとなりました。

私は洗礼をこう理解しています。第一に、洗礼は私の信仰を公に言い表す時です。信仰はひそやかな心の中の問題として閉じ込めている限り、本当の信仰になることはありません。ローマ一〇章一〇節の「実に、人は心で信じて義とされ、口で公に言い表して救われるのです」という言葉は真実です。

第二に、洗礼は主イエスが私たちと同一になられたように、私たちが主イエスと一つにならせていただくことです。

第三にこのことは、私たちがキリストと共に古い自分に死に、キリストと共に新しい自分として甦り、生き始めることを意味します。ローマ六章三、四節はこう記しています。「それともあなたがたは知らないのですか。キリスト・イエスに結ばれるために洗礼を受けたわたしたちが皆、またその死にあずかるために洗礼を受けたことを。わたしたちは洗礼によってキリストと共に葬られ、その死にあずかるものとなりました。それは、キリストが御父の栄光によって死者の中から復活させられたように、わたしたちも新しい命に生きるためなのです」。

第四に、従って洗礼は、私たちをキリストのからだの一部とします。このことは現実にはキリストのからだである教会、群れの一員となることを意味します。こうして私たちはキリストの体に建て上げられて行くのです。

第五に、イエス・キリストの名による洗礼において、私たちは主イエスが聞かれたのと同じ声を聞きます。「あなたはわたしの愛する子」と。これは父なる神が主イエスにおいてなして下さったことです。そこで私たちは恐れることなく「アッバ、父よ」と呼ぶのです。

第六に、イエス・キリストの名による洗礼において、私たちは聖霊を受けます。聖霊は私たちを新しく生かし、私たちを造り変え、実を結ばせます。洗礼を受ければすぐ大きな変化が起こるように思うのは間違いです。洗礼は新しく造られることの始まりです。実を結ぶには時間がかかります。しかし、神は主イエスによって私たちの中に始めて下さった聖霊のわざを、必ずなし遂げて下さいます。実はいつかは姿を現します。

第七に、洗礼は神が主イエスにおいてなされたように、私たちを神のものとしてしるしづけられることです。ひとたびしるしづけられたものは変更されることがありません。洗礼の水は、乾けば跡形もなくなりますが、神のしるしづけは消えることがありません。いわば聖霊によって焼き印を押されているのです。従って洗礼はその人にとって一生に一回限りのものです。私たちはこのことに、私は洗礼を受けているという事実に、より頼むことができます。主は私たちにこの聖霊と火による洗礼を授けて下さいました。そして私たちが洗礼を受ける時、主イエスがお受けになった洗礼に、私たちもあずかることを意味します。私たちが主イエスを信じてその御名による洗礼を受ける時、救いが臨んでいることを確信することができます。

（一九九九年一月一〇日）

〈降誕節第四主日礼拝〉

ついて来なさい

アモス書七～一五節

イエスは、
「わたしについて来なさい。人間をとる漁師にしよう」と言われた。

マタイによる福音書四章一八～二二節（一九節）

浄土真宗の開祖親鸞が八八歳の時に作った和讃（日本語で書かれた仏教の歌のこと）にこういう歌があります。

小慈小悲もなけれども　名利に人師を好むなり

人に対する小さな慈悲の心もありませんのに、名誉や利益にとらわれて、先生と呼ばれたい私なのです、という意味です。「親鸞は弟子ひとり持たずそうろう」と言った彼にして、なおこの言葉です。私はこの歌に接すると、自分を見透かされるような思いにかられます。先生と呼ばれたいのは、古今東西を問わず、いつも、どこでも、同じなのかもしれませんが、私には日本人は殊の外、先生と呼ばれるのが好きなように思います。今はほとんど先生と呼ばれるのは、資格を認定された人に限定されていますが、それだけにいっそう先生と呼ばれたいのかもしれません。

このことは牧師も例外ではありません。本当は先生と呼ばれる資格も内容もないにもかかわらず、先生と呼ばれずに、なになにさんと呼ばれるとバカにされたような気がするらしいのです。たしかに身分上は教師なのですが、私はマタイ二三章八、一〇節の主イエスの言葉を心に留めたいのです。「あなたがたは『先生』と呼ばれてはならない。あなたがたの師は一人だけで、あとは皆兄弟なのだ。『教師』と呼ばれてもいけない。あなたがたの教師はキリスト一人だけである」。そして私は今日、私たちの本当の先生である方を指し示すと共に、弟子たる者の道についてご一緒に考えたいのです。

ところでここで先生と訳されている言葉は「ラビ」です。ラビという呼称はユダヤ人社会では律法学者のことですが、もともとの意味は「偉大な者」でした。そこで「わたしの主」という言葉と置き換えられることもありました。これに対して「教師」と訳されたカテーゲーテースは、指導者、案内者を意味する言葉です。岩波版の聖書では「導師」と訳しています。導師とは仏教用語ですが、信仰上の指導者と言うべきでしょうか。興味深いことに、もうひとつの教師と訳される言葉ディダスカロスは、ユダヤ教のラビを意識して用いられ、ルカにはラビという言葉は一度も出てきません。そしてカテーゲーテースはマタイ二三章一〇節に出てくるだけで、他には一度も出てきません。ルカは、主イエスはユダヤ教のラビとは違うんだということを強調したかったのでしょうし、マタイは、信仰の導き手は主イエスただひとりだと言いたかったのでしょう。

さて、主イエスはどんな教師であられたのでしょうか。マタイによれば、主イエスは生れ故郷ナザレを離れ、ガリラヤ湖畔の町カファルナウムに住いを移されました。こうして宣教の開始はガリラヤにおいてなされることとなりました。マタイはそこにイザヤの預言の実現を見たのです。なぜガリラヤだったのか。なぜエルサレムでなかったのか。イザヤの預言のせいではありません。ガリラヤはエルサレムを除けば、パレスチナで最も人口の多い地方でした。加えて、エルサレムはローマ総督の支配下にあり、神殿もあるので保守的な町でしたが、ガリラヤ人は熱心で前向きの姿勢で、積極的であると共に意気に感じて行動するところがありました。主イエスはここで最初の弟子たちを得ようとされたのではなかったでしょうか。最初の一二人の弟子たちのうち、少なくとも半数ははっきりとガリラヤ人です。残り六人中の四人はガリラヤ人の可能性が高く、他の二人もガリラヤ人でないとは言い切れません。

こうしてマタイ福音書は主の宣教の最初のわざとして、弟子たちの召命の記事を記すことになります。主はガリラヤ湖畔を歩いておられる時、シモンとアンデレの兄弟が網を打っているのを御覧になりました。ここで用いられている網は投げ網のことです。ほとんど日本の投網と変わりありません。波打ち際から少し湖の中に入って、立って網を投げると、網は円形に広がり、水に沈みます。そして引き上げると魚が網にひっかかって上がってくるのです。彼らは舟を持っていなかったようです。つまり貧しい漁師だったということです。ヤコブとヨハネは父ゼベダイと共に、舟の中で網を繕っていました。この網は当時ガリラヤで用いられていた三種類の網の総称です。しかし彼らが舟を持っていたところからすると、地引き網ではないかと思います。私は子供の頃、海岸でしばしば大掛かりな地引き網を見ましたが、ここでは二、三人が舟で沖に網を降ろし、岸で両方から網を引き寄せるのです。

彼らに対して主は、「わたしについて来なさい。わたしはあなたたちを人間をとる漁師にしよう」と言われます。この言葉は漁師であった彼らにとって、何とも衝撃的に響いたことでしょう。人はしばしば、主イエスはエレミヤ書一六章一六節の「見よ、わたしは多くの漁師を遣わして、彼らを釣り上げさせる」との神の裁きを表す言葉を逆転させ、救いの使命のために用いようと言われたのだと説明しますが、私は余計なことと思います。思案や分別ではありません。魚をとる漁師であった彼らは、人間をとる漁師という言葉に、衝撃的に感応し、即座に従ったのです。それよりも私は、「わたしについて来なさい」という言葉に深い感銘を受けます。原文は僅か三語です。「来い、後ろに、わたしの」です。そこには有無を言わせぬ響きがあります。私はこれが主との出会いであり、主の呼びかけだと思います。主との出会いは私たちの日常生活の中で起こり、出会いは呼びかけであり、呼びかけは応答を求めています。主は、話しかけ、相談し、都合を聞き、説得し、同意を求めるようなやり方はなさいません。もし私たちが主とそういうやり方をしようとするなら、私たちは結局主の呼びかけを拒む結果となります。彼らはすぐさま従ったのです。このことはマタイ九章九節以下における徴税人マタイの場合も同じでした。言葉は「わたしに従いなさい」（同九節）ではありますが。

私たちはこの後彼らのことを、弟子たちと呼ぶようになります。当時のラビたちも弟子を持っていました。なぜならラビの弟子にならなければ、何の資格も与えられず、ラビになることはできなかったからです。弟子は師に対して奴隷のように仕え、生活を共にし、師の足下に座して講義を聞き、師の振舞いに接し、言い伝えの律法を学びました。これはあくまでも律法を学ぶためです。従って弟子が入門を申し出、ラビが許可することはあっても、ラビが弟子を召すことはありませんでした。しかし主イエスは弟子を呼び寄せられます。「わたしについて来なさい」「わたしに従いなさい」と言われます、主は御自分の話を聞いてくれる人を求められません。ただ信じますという人を求められません。主はこのような意味での弟子を求められます。

私たちはしばしば弟子を使徒という特別な役割にある人に限定しようとします。そこで弟子と、弟子ではないが信じる人々とを分離しようとします。丁度仏教における出家と在家とのように。しかし主はそうなさいません。使徒や教師という役割はありましたが、それらと主イエスによって召し集められたすべての人々が弟子なのです。主御自身の宣教活動の始まりを弟子とすることで始めたマタイは、その福音書をこう結ぶのです。マタイ二八章一九節「だから、あなたがたは行って、すべての民をわたしの弟子にしなさい。彼らに父と子と聖霊の名によって洗礼を授け、あなたがたに命じておいたことをすべて守るように教えなさい」。

私は長い年月の間、牧師として福音を宣べ伝え、洗礼を授けてきました。しかし今はそれが、主が望んでおられたことのすべてではないと考えています。私は、主は最初から私たちが弟子になること、主に従うこと、主についてくることを望んでおられたと考えています。なぜなら主に従うよりほかに、本当の信仰に至る道はないからであり、信仰の実が結ばれる道はないからです。

ところで主は、弟子を呼び集めて何をなさろうとされたのでしょうか。そのことをマルコ三章一三～一六節が示しています。私は最初に注意を促しておきたいと思います。「これと思う人々を」（同一三節）という言葉に、私たちはすばらしい人々が厳選されたように思うのですが、そうではなかったのです。はっきりとガリラヤ人と断定できる六人のうち五人は漁師でした。彼らは後に「無学な普通の人」と軽蔑的に呼ばれています。残る一人は罪人の筆頭に上げられる徴税人でした。あとの六人のうちの一人は徴税人の天敵とも言うべきゼロータイ、熱心党員であり、他の一人はイスカリオテのユダでした。そこにはすばらしい才能の組み合わせも鉄の団結もありません。それればかりか、ペトロは「サタン」と叱られ、主を拒み、トマスは疑い、ユダは裏切るのです。私たちは決して「これと思う人々」を、私たちの尺度で考えてはならないのです。主の思いは私たちの思いと異なることを、心に留めて置かねばなりません。

もうひとつのことは「呼び寄せられた」という言葉です。これには強い響きがあります。呼び集める、召し集めるとしたほうがよいでしょう。主が呼び集められなければ、召し集められなければ、彼らは集まることはありません。私はこれが教会、エクレシア、呼び集められた者の群れ、召し集められた者の群れの最初の姿だと思っています。今日の教会の中に、こうした根本的な意識が薄れて来たというか、変質して来たように思います。私たちはひとりひとりが、私がこの教会に来てやったのだ、この教会のためにこんなことをしてやっているのだ、あの人がこの教会に来るようになったのは私のおかげだ、あれが気にいらん、これはダメだ、などと言い出すのです。しかし教会、エクレシアは主イエスが呼び集められることによってのみ成り立ちます。あの最初の群れのように、すばらしい才能の組み合わせも、鉄の団結もありません。いや、人から見れば、いいかげんな信仰の持ち主なのです。しかし主が呼び集められた群れであることは確かです。私たちが、「わたしについて来なさい」との主の言葉に応じて、主に従っているのであるならば、私たちは弟子だからです。

さて、主が私たちひとりひとりに「わたしについて来なさい」と呼びかけ、また弟子たちを呼び集められたのには三つの目的があります。

第一は、彼らを自分のそばに置くためです。つまり主が弟子たちを呼び集められたのは、主イエスを頭とする共同体を建てるためでした。人が多くなったから組織を作ってということではありません。主は共同体を建てようとされるのです。なぜなら人の集まりは共同体であり、世界も共同体なのです。今は破れていますが、それを建て直すのは共同体でなければならないからです。私はそれを交わりと言ってもよいと思います。

第二は、派遣して宣教させるためです。呼び集められた群れは自分たちの幸せを感謝し、喜んでいれば良いのではありません。役目を持っています。目的を持っています。従ってそれを果たすことによってのみ、存在の意味と生命を持ちます。何を宣教するのか。私は主イエス・キリストを、と言いますが、もう少し内容的に言うと、神の愛と神の招きだと信じています。神はイエス・キリストにおいてあなたを愛しておられるということ、神はイエス・キリストにおいてあなたを招いておられるということ、です。これが宣教ということです。

第三は、悪霊を追い出す権能を持たせるためです。今は、悪霊という言葉は意味合いを失ってしまいましたが、逆に迷信的になっています。私には現代人は科学的なような顔をしながら、内心は極めて迷信的運命的なように思われます。私は悪霊とは、人に働きかけるあらゆる破壊的な否定的な、そしてマイナスの力と考えています。従ってそれを追い出す権能とは、建設的な、肯定的な、そしてプラスの力です。それを働かせることです。私はそれを奉仕と呼びたいと思います。

今日教会は、この三つのことを果たすことに悩んでいます。私はいろいろのところでその悩みを聞き、心痛みます。しかし教会は個人主義的な人に悩んでいるのではありません。共同体はこうあるべきだと考えている人のゆえに悩んでいるのです。しかし共同体は、主が呼び集めたもうところに成り立つものではなかったでしょうか。教会は宣教に不熱心な人に悩んでいるのではありません。宣教に熱心な人のゆえに悩んでいるのです。宣教を特定の形ですることしか認めない人のゆえに悩んでいるのです。しかし宣教は主イエスの働きであり、限定づけることはできないのです。悪霊は否定的な力ですが、教会は、信仰的だと自負することによって、自ら否定的な力になる人によって悩んでいます。

どうしたら良いのか。道はただひとつ。最初のところに戻ること、すなわち主イエスの言葉「わたしについて来なさい」に戻ることです。私はひとつのことを考えています。「わたしについて来なさい」という主イエスの言葉に戻ることによって、すべてのことに新しい出発点を与えると共に、新しい帰結点を与えるであろう、と。「わたしについて来なさい」、これこそ私たちの信仰生活の原点なのです。

（一九九九年一月一七日）

〈降誕節第五主日礼拝〉

礼拝する者

父はこのように礼拝する者を求めておられるからだ。

歴代誌下六章一八～二五節

ヨハネによる福音書四章一九～三六節（二三節）

神殿を建てようと考え出したのはダビデです。彼はエルサレムをエブス人の手から奪うとここを都とし、今までオベド・エドムの家に放置されていた神の契約の箱をエルサレムに運び入れました。しかしそれはまだ幕屋のままでした。ダビデは自分がレバノン杉の立派な家に住んでいるのに、神の契約の箱はまだ幕屋の中に置いたままなのが気になって仕方がなかったのです。しかし神はそれをおとどめになります。今まで幕屋においてイスラエルと共に歩んできたが、一度も家を建てよと言ったことはない、と。そしてダビデの家、すなわちダビデ王家を建てるとお告げになります。

しかしダビデが神の意向に逆らって、自分の軍勢の数を数えたことで災難を招きました。彼はエブス人オルナンの麦打ち場を買い取り、そこに祭壇を築き、いけにえをささげて祈ると、神はお赦しになりました。その時彼はひらめきました。ここに主の神殿はあるべきだ、祭壇もここにあるべきだ。こうしてダビデは神殿建設の準備を始め、ソロモンに神殿造営を命じます。それが歴代誌上一七～二二章の記すところです。

歴代誌上二八章は少し違います。ダビデは神殿建設の志を抱きましたが、神は、彼が戦争に明け暮れ大勢の人の血を流したから、神殿建設は許されないと、代わってソロモンを選ばれたというのです。いずれにしても準備したのはダビデであり、ソロモンは神殿造営の実行者だったということでしょう。従って神殿はソロモンの神殿と呼ばれるようになりました。

彼は七年の歳月を費やして事にあたったのですが、当時のイスラエルにはこれだけの規模の神殿を建てるだけの資材もなく、また技術もありませんでしたから、ティルスの王フラムから多大の援助を受けました。それがどんなに素晴らしいものであったか、私たちは想像するよりほかはありません。マルコ一三章一節に、弟子のひとりが主イエスに言った言葉が記されています、「先生、御覧ください。なんとすばらしい石、なんとすばらしい建物でしょう」。もっともこの時の建物は、バビロニアによる神殿崩壊後に建設された第二神殿に、ヘロデが手を加えたものですから、ソロモンの神殿の半分にも満たないものであったでしょう。そうするとソロモンの神殿はもっと素晴らしいものであったに違いありません。

しかしソロモンは知っていました。この壮麗を極めた神殿も神の住いではあり得ないことを。それは幕屋の伝統から来たものです。幕屋建設の指示は、出エジプト記二五～二七章に出てきます。しかしこのところは前々からいろいろ問題視されていました。実は、材料は出てくるのですが、どう作られたかがわからないのです。また、これだけ大きなものを、イスラエル民族が荒れ野の四〇年の旅の間、担いで回ったとはとうてい考えられません。更に、これだけのものを作る技術は、ソロモンの時でさえイスラエル民族にはなかったのですから、出エジプト当時のイスラエル民族にあったはずがありません。従ってこの幕屋は、ソロモン神殿のひな形と考えられています。ある人は、この幕屋が契約の箱もろとも、神殿の聖所の中に入れられていたと考えています。そうすると寸法がぴったりです。もしそうなら幕屋が神殿のひな形なのではなく、幕屋こそ本体であり、神殿のほうがその写しということになります。

イスラエル民族は出エジプト二五～二七章の幕屋よりも、もっと簡単なものを用いていたようです。出エジプト記三三章七節以下に臨在の幕屋のことが出てきます。モーセが幕屋に入ると、雲の柱が降りてきて幕屋の入口に立ち、主は人がその友と語るように、顔と顔とを合わせてモーセと語られたとあるところから、会見の幕屋とも呼びました。そしてこの幕屋は、主なる神が、イスラエルの民と共におられることのしるしでした。後に十戒が刻まれた石の板二枚が納められた契約の箱は、この幕屋の中に置かれました。

ソロモンは神殿が幕屋の写しであれば、神の住いではないことを知っていました。彼は神殿の奉献式にあたって全会衆と神の前で祈ります。今日、読んでいただいた聖書の箇所はその一部です。彼は祈ります、「神は果たして人間と共に地上にお住まいになるでしょうか。天も、天の天も、あなたをお納めすることができません。わたしが建てたこの神殿など、なおふさわしくありません。わが神、主よ、ただ僕が御前にささげる叫びと祈りを聞き届けてください。そして、昼も夜もこの神殿に、この所に御目を注いでください。ここはあなたが御名を置くと仰せになった所です。僕とあなたの民イスラエルがこの所に向かって祈り求める時、どうか、あなたのお住まいである天から耳を傾け、聞き届けて、罪を赦してください」（歴代誌下六章一八～二一節）。

主なる神は神殿におられるのではなく、真心から祈る人がいる時、そこに目を注がれるのです。礼拝する人がいる時、そこに来て下さるのです。後に主イエスはエルサレムに入城され、宮潔めをされます。その時イザヤ書五六章七節を引用して言われました、「こう書いてあるではないか。『わたしの家は、すべての国の人の祈りの家と呼ばれるべきである』。ところが、あなたたちはそれを強盗の巣にしてしまった」（マルコ一一章一七節）。第三イザヤは、バビロニア捕囚からの帰国後の預言者でした。神殿再建の事業がすぐ始まり、サマリア人の中傷妨害による一五年間の中断の後、再開、紀元前五一五年に竣工しました。しかし第三イザヤはこれに必ずしも賛成ではありませんでした。神殿が尊いのではない。そこで祈りがなされることが尊く、それは民族の違いや人間の諸条件を越えた、すべての人の祈りがなされるべきところだと言うのです。主イエスもまた、これを受け継がれました。

話を少し戻します。ソロモンは神殿は祈りの家であり、祈る人がいるところ、礼拝する者がいるところ、そこに神は臨みたもうことを知っていました。残念なことに人々はソロモンの祈りを忘れ、神殿は違ったものになって行きました。神殿そのものが神聖視され、侵され得ないものとされました。人々は祈るとき目を注いで下さる方を忘れ、神殿そのものを頼みとしました。やがてソロモンの神殿は崩壊し、再建された第二神殿も崩壊しました。

私はこのことは教会堂も同じだと理解しています。去る一月一五日、埼玉地区もより二区の新年礼拝の中で、私はこどもたちへのメッセージも述べるようにと依頼されました。この時話したことは、この教会の中で起こったことです。ある礼拝に、五歳の男の子が母親に連れられて出席しました。礼拝が終わると二人は私のところに来て、母親は「あなたが自分で聞きなさい」と促すのです。彼は「神さまはどこにいるの」と聞きます。私はとっさのことに、彼の胸を叩いて、「ここにおられるよ」と言うと、彼はびっくりしたような顔をしました。帰り道母親に言ったそうです、「違うよね、お母さん。神さまは教会にいるんだよね」と。彼は半分正しかったのです。なぜなら、神は独り子イエス・キリストにおいて私たちのところに来られました。私たちが主イエスを信じる時、主は私たちのうちに来られます。こうしてイエス・キリストをいただいた人々が礼拝に集まる時、そこに神はいますのです。

私はどんなに壮麗な神殿であれ、立派な教会堂であれ、それだけなら、聖なる虚空間にすぎないと思っています。そこに礼拝する者が集まる時、神はそこに現臨されるのです。

こうして私たちは、今日のもうひとつの聖書の箇所、ヨハネ四章一九〜三六節に導かれます。サマリアのシカルの町にあるヤコブの井戸の傍らで、主イエスがサマリアの女と問答をなさったところです。この井戸は深さ約三五m、きれいな水が湧き、イスラエルで最もおいしい水と言われているそうです。今度のイスラエル旅行にここを入れて頂きました。この水を飲みながらだと、主の言葉「この水を飲む者はだれでも渇く。しかしわたしが与える水を飲む者は決して渇かない」という言葉が、切実に迫ってくるのではないかと考えています。

この箇所は昨年一一月、ここの礼拝で柿内ルツ師が取り上げられ、サマリアの女の心のひだに触れる話でした。私はただ彼女が、同族であるサマリア人の礼拝からも、もちろんユダヤ人の礼拝からも疎外されていたという事実を指摘するに止めたいと思います。ユダヤ人からはサマリア人であるという理由で、サマリア人からは五人の夫がいたが、今連れ添っているのは夫ではないという彼女の行状のゆえに。そして礼拝から疎外されていると言うことは、共同体から疎外されていると同時に、神からも疎外されていることなのです。ですから、彼女の「わたしどもの先祖はこの山で礼拝しましたが、あなたがたは、礼拝すべき場所はエルサレムにあると言っています」(同二〇節)という問いは、言い逃れでもはぐらかしでもありません。なぜなら礼拝に加わるということは、ユダヤ人にとってもサマリア人にとっても、言い尽くせない喜びだからです。私はこう言いつつも、彼らの喜びは、私たちにはほんとうにはわからないであろうと感じています。

ご存じない方のために、ユダヤとサマリアとの関係について少し話しておきます。イスラエル民族は、サウル、ダビデ、ソロモンの統一王国の時代から、北イスラエルと南ユダの二王国に分裂します。抗争と平和が繰り返されるのですが、紀元前七二二年、北イスラエルはアッシリアによって滅ぼされ、アッシリアは住民の入れ替えを行います。こうして残った北イスラエルの人々と移されてきた異民族との混血民がサマリア人とされています。しかしその後の記録では、南ユダの人々はサマリア人を特に敵視したようではありません。それから百数十年後、南ユダがバビロニアに滅ぼされます。捕囚はありましたが、混血政策は取られず、六〇年後には祖国に帰って来ます。この期間にサマリア人は勢力を伸ばし支配しており、帰国した人々を苦しめました。第二神殿建設の際、協力を申し出たサマリア人をユダヤ人は拒否し、またサマリア人を始め、異民族と結婚していた者は離婚させるなどしたため、関係は一挙に悪くなり、紀元前三世紀ごろサマリア人がゲリジム山に自分たちの神殿を建てたので決定的となりました。ユダヤ人はサマリア人とは一切交わりをしなくなったばかりか、ガリラヤからユダヤへ、ユダヤからガリラヤへ行く時、サマリアを通るのが一番便利なのですが、わざわざそこを避けるのがならわしとなりました。

さて、主イエスが彼女の思いを受け止めて言われたのが同二一～二四節です。「礼拝するのはこの山でも、エルサレムでもない。場所の問題ではない。まことの礼拝をする者たちが、霊と真理をもって礼拝する時が来る。今がその時だ」。私は主イエスが、神をわたしたちの父、わたしの父として示されたことは、ほんとうに素晴らしいことであったと理解しています。おそらくこのサマリアの女も強い衝撃を受けたことでしょう。なぜ、今がその時なのか。「父はこのように礼拝する者を求めておられるからだ」（同二三節）。私たちは誤解をしています。礼拝は信者の務めですか、責任ですか。私たちに必要なことだからでしょうか。そうではなく、父が礼拝する者を求めておられるからです。これが礼拝が招詞で始まる理由です。私たちは、父が私たちを恵みの御座に招いておられるのだと覚えたいのです。務めや責任や必要を考えていたら、礼拝に来ることにいさおしを感じていたら、恵みを受け損なうことになります。

ところで、霊と真理をもって礼拝するとは、どうすることなのでしょうか。注意を促しておきます。ここで礼拝すると訳されたプロスクネオーという言葉は、一度も礼拝式を意味して用いられたことはありません。従ってここでは礼拝式はどうやったらいいのかが問題になっていません。ここでは徹頭徹尾礼拝する者が問題となっています。つまりここでは、礼拝が霊的雰囲気を持っているとか、礼拝で真理、つまり御言葉が語られるとかが問題になっているのではありません。霊と真理の働きは複合的です。霊は真理の霊とも言われます。霊は真理を悟らせます。真理は私たちを自由にし、すべてのとらわれから解放します。そして真理はキリストです。この霊と真理が私たちを新しく生きさせます。私たちは同二三節の「父はこのように礼拝する者を求めておられるからだ」というのを、「父は自分を礼拝する者として、このような人々を求めておられるからだ」と訳すこともできます。

礼拝の刷新が叫ばれて来ました。私たちは礼拝する場所を問題としました。礼拝の雰囲気を問題としました。礼拝における説教を問題にしました。しかし、ほんとうに問題とすべきなのは礼拝する者、つまり私たち自身なのです。主イエスはサマリアの女にそのことを示されます。「問題はあなた自身だよ」と。このことが彼女の目を開きました。こうして彼女自身が刈り入れ間近な、永遠の命に至る実となるのです。霊と真理による礼拝する者。私はその示しをローマ一二章一〜二節に見ます。「自分の体を神に喜ばれる聖なる生けるいけにえとして献げなさい。これこそ、あなたがたのなすべき礼拝です。あなたがたはこの世に倣ってはなりません。むしろ、心を新たにして自分を変えていただき、何が神の御心であるか、何が善いことで、神に喜ばれ、また完全なことであるかをわきまえるようになりなさい」。

（一九九九年一月二四日）

〈降誕節第六主日礼拝〉

御言葉《みことば》を信じる

列王記下四章一～七節

その人は、イエスの言われた言葉を信じて帰って行った。

ヨハネによる福音書四章四六～五四節（五〇節）

エリシャは偉大な預言者エリヤの後継者でした。エリヤの最大の働きは、バアル礼拝をめぐって北イスラエルの王アハブと争ったことです。紀元前九二二年、北イスラエルが南ユダと分裂して王国を建てて以来、王朝は短命で、暗殺による交代がしばしばでした。四代目の王エラを部下のジムリが暗殺して王位を奪ったのですが、僅か七日で民の謀反で命を失い、代わって民が王位に就けたのは軍司令官オムリでした。オムリは名君であったらしく、アッシリアの碑文にはイスラエル全体をオムリの国と呼んでいるほどです。

オムリが一二年在位した後、紀元前八六九年王位を継いだのがアハブです。分裂直後は南ユダが優勢でしたが、やがて北イスラエルが逆転しました。しかし周囲諸国との争い、国内には異民族との摩擦、反乱は続くという困難がありました。アハブは凡庸ではありません。南ユダと手を握り、フェニキアの王女イゼベルを妻に迎え、同盟を結びました。その結果フェニキアの宗教を導入することとなり、信仰の危機が生じました。アハブは自分では神に忠実だと自認していたようですが、イスラエルの人々を神に従うことからそむけさせてしまったばかりか、神に従うべきである王のあり方に、別のあり方を植えつけてしまいました。

こうした事態の中でエリヤが、アハブとイゼベルの庇護を受けるバアルの預言者たちと、カルメル山上で死闘を演じた物語（列王記上一八章）はあまりにも有名です。しかし、カルメル山上の勝利は華々しいものでしたが、事態は変わりませんでした。孤立無援の中でエリヤは祈ります。そして神は「あなたは一人ではない。バアルにひざまづかないもの七〇〇〇人を残してある」と言われると共に、エリシャを後継者とせよと命じ、これからのなすべきことを告げられます。こうしてエリシャがエリヤの後継者となります。

正直に言って私は、エリシャはあまり好きではありません。彼の話はあまりに伝奇的な逸話が多いからです。彼が歩いていると、子供たちが「はげ頭」と軽蔑しました。すると彼は振り向いて主の名によって呪うと、森の中から二頭の熊が現れ、子供たちを引き裂いたというのです。預言者を軽蔑することは神への反逆であり、これによってエリシャが真の預言者であることが現れたとするのですが、私はあまり好きではありません。また彼の逸話はエリヤと似た話が多く、やはりエリヤの亜流かなという気がします。しかし、彼はシリアの将軍ナアマンの重い皮膚病をいやすなど、外国にも影響を与えたようです（列王記下五章）。

彼のした最大のことは、イエフに油を注いでイスラエルの王としたことです。イエフはこれによってアハブ王家に対して革命を起こし、アハブの家系の者をことごとく殺すのです。確かにイエフはバアル礼拝を熱心に攻撃したのですが、その流血革命はすさまじいものでした。預言者ホセアはこの革命を非難します。彼は淫行の女ゴメルと結婚し、最初に産まれた男の子をイズレエルと名づけ、そして言います、「間もなくわたしはイエフの王家に、イズレエルにおける流血の罰を下し、イスラエルの家におけるその支配を絶つ」（ホセア書一章四節）。カルメル山から南東に広がるイズレエル平原、「神、蒔きたもう」と名づけられたこの美しい平原は、イエフによって不吉な場所とされてしまったのです。ここでホセアはエリシャをも批判しています。しかしホセアは、その生涯を賭けた預言において、淫行の妻にも等しい北イスラエルに対する神の思いとその救いについて語るのです。

さて、こうしたエリシャの物語のうち、今日の列王記下四章一～七節、つきない油壷の話は私たちの心を潤します。列王記上一七章八～一六節のエリヤのつきない壷の粉、瓶《かめ》の油の話と似てはいるのですが。ここでは預言者のやもめが、彼に助けを訴えてきたところから始まります。当時王に仕える預言者たちがいました。王から給与をもらい、王の命によって預言するのですが、この亡くなった預言者が神を敬う人であったということは、王の気にいるようなことを言おうとしなかったことを意味します。彼は貧しく、借金をしなければならなかった。死後、債権者は借金の抵当に、やもめの二人の子供を連れて行き奴隷にしようとしているのです。

イスラエルでは奴隷制度は認められていました。奴隷は主として戦争捕虜でしたが、貧しい人が妻や子供を売る場合、自分自身をも売る場合がありました。マタイ一八章二三節以下では、主イエスは「王から一万タラントンの借金をしていた家来が、返済できなかったので、王は彼に『自分も妻も子も、また持ち物全部を売って返済するように』と命じた」と語っておられます。しかし出エジプト記二一章一節以下が示す規定によれば、七年目には無償で自由の身としなければならないとあり、しかも申命記一五章一二～一八節によれば、その時「何も持たずに去らせてはならない」（同一三節）、「惜しみなく贈り物を与えなさい」（同一四節）、と記されています。

彼女は今、自分に残された唯一の稼ぎ手も奪われようとしています。エリシャが「何をしてあげられるだろうか。あなたの家に何があるのか」と問うと、「油の壺ひとつ。後は何もありません」と答えます。これは彼女が絶望的な状況にあったことを示しています。エリシャは近所から空の器をできるだけ多く借りてくるように命じます。先の壺が小さな壺を意味するのに対して、この器は大きな壺を表しています。エリシャは言います、「家に帰り、戸を閉じて、その器に油を注ぎなさい」。

神は彼女が「これしかありません」というものを、「これがあります」というものに変えられ、それを用いられます。彼女はエリシャの言葉を信じました。もう「油の壺ひとつしかありません」とも、「油は僅かです」とも言いません。子供たちは器を持って来続け、彼女は油を注ぎ続けます。小さな壺の油は流れ出て、すべての大きな壺を満たし、「器はもうない」と子供が言うと、油は止まった。エリシャは知らせを聞くと答えます、「その油を売りに行き、負債を払いなさい。あなたと子供たちはその残りで生活することができます」。

この逸話はしばしば聖書における神の言葉の比喩とされます。聖書は注いでも注いでもつきない油壺のようです。聖書は、もう読んでしまったとか、すっかりわかりましたとか、言うことはできません。何度読んでも、読むたびに新しい発見をし、新しい示しを受け、新しい恵みにあずかります。私は、この聖書の言葉の意味はこれこれだ、という考えに取りつかれないようにしたいのです。御言葉のつきない油は、受け入れることをしなければ、止まってしまうばかりか、ほかのもので器が満たされていれば、注ぎ込まれることはありません。

もちろんこの列王記下四章一～七節だけを与えられて、そこから神の言葉のつきない油壺に思い至ることは、おそらく不可能でしょう。実は今日与えられている主日日課のもうひとつの聖書はⅠテサロニケ二章一三～一六節です。パウロはテサロニケにはたった三週間しか伝道せず、しかもユダヤ人のねたみによる大騒動の末、夜の間に逃げ出さねばならなかったのです。それにもかかわらずここに有力な共同体が生まれました。なぜそうなったのか。私はその理由を同二章一三節に見ています。「わたしたちから神の言葉を聞いたとき、あなたがたは、それを人の言葉としてではなく、神の言葉として受け入れたからです。事実、それは神の言葉であり、また、信じているあなたがたの中に現に働いているものです」。

パウロは多分私たちより名説教者であったでしょう。しかし彼のことを「手紙は重々しく力強いが、実際に会ってみると弱々しい人で、話もつまらない」（IIコリント一〇章一〇節）という人がおり、パウロ自身も知っていました。しかしたとえパウロが名説教者であったとしても、それだけでは共同体が起こることはありません。彼の言葉を人の言葉としてでなく、神の言葉として受け入れる人がいなければなりませんでした。その時、神の言葉は生きて働くのです。どうして人の言葉の中に神の言葉を聞くことができるのか。どうして私たちは人の言葉を人の言葉としてしか聞くことができないのか。自分では「神の言葉として聞いています」と言いながら、なぜそれは力がないのか、生きて働かないのか。私は考えさせられています。

私たちはこうしてつきない油壺に、絶望的な状況にある人を生かす神の言葉の新しい意味を見いだし、そしてヨハネ四章四六～五四節に導かれます。ああ、ガリラヤのカナ。ナザレの喧騒に比べて、カナのひっそりとひなびたたたずまい。私は前にそこを訪れた時、水をぶどう酒に変えられたことと、ナタナエルのことしか心に浮かびませんでした。今度訪れる時、息子をいやして頂いた役人の信仰を、主の御言葉を思い浮かべたいと願っています。

ヨルダンの向こう側のベタニアからガリラヤのカナへ、一転してエルサレムへ、そしてユダヤからサマリアへ、ガリラヤのカナへと目まぐるしいほど。カファルナウムの役人は、カナまでやって来て息子のいやしを頼みます。早く捕まえてカファルナウムへ来て頂かねばと思ったのでしょう。カナからカファルナウムまで約三〇キロ。一日行程にあまるほど。緊急を要したのです。しかし主イエスの言葉は冷たく響きます。「あなたがたは、しるしや不思議な業を見なければ、決して信じない」(同四八節)。

私たちはこの言葉の前にたじろぎます。あるいは言うでしょう、「信じたいのです。だからしるしや不思議な業を見せてください。そうすれば信じます。そうでなければどう信じるのですか」と。あるいは言うでしょう、あの変貌の山の下で、悪霊に取り憑かれた息子をいやしてもらった父親のように、「信じます。信仰のない私をお助けください」と。しかし主イエスが求めておられるのは、しるしや不思議な業に対する信仰ではありません。独り子イエス・キリストを遣わされた天の父を信じることです。私たちがしるしや不思議な業に心をひかれるやいなや、天の父と遣わされた方を信じることは消え失せてしまうのです。

父親は主イエスに抗議するかのように言います、「主よ、緊急を要するのです。子供が死なないうちに来てください」。すると主は言われます、「お帰りなさい。あなたの息子は生きる」(同五〇節)。彼はハッとします。主の言われた言葉を信じて帰って行きました。いや、信じたのでその言葉に聞き従い帰って行ったのです。彼は途中で息子が生き返った知らせを聞き、その時刻は主が「息子は生きる」と言われた時刻であったことを確認します。こうして彼も家族も信じたのです。彼は主の言葉を信じて帰って行ったのですが、それとこの信仰とは違うのでしょうか。この信仰は主イエスが天の父から遣わされた救い主キリストであると信じる信仰です。しかし、この信仰は主イエスの言葉を信じることによって導かれたのも本当です。

ヨハネ福音書は、見て信じる信仰ではなく、聞いて信じる信仰を強調します。弟子たちは主イエスの語られた言葉を信じたのです。一方、多くの人々が主イエスがなさったしるしを見て信じたのですが、主イエスご自身は彼らを信用されませんでした。ヨハネ五章二四節はこう伝えています、「はっきり言っておく。わたしの言葉を聞いて、わたしをお遣わしになった方を信じるものは、永遠の命を受ける」。またヨハネ二〇章二四節以下には、弟子たちの前に復活の主が現れたもうた時、そこにいなかったので信じなかったトマスに言われます、「信じない者にならないで、信じる者になりなさい」。トマスが「わたしの主、わたしの神よ」と言うと、主は言われます、「見たから信じたのか。見ないのに信じる人は幸いである」。しかし同時に私は言いたいのです、あのカナ出身のナタナエルに言われたように、「信じる者はもっと偉大なことを見るようになる」(同一章五〇節)と。

役人の息子のいやしの物語は私たちにひとつの示唆を与えます。彼は「イエスの言われた言葉を信じて帰って行った」のです。それが彼の信仰の始まりでした。御言葉を信じるとは御言葉に聞き従って行動することです。それが御言葉を受け入れるということです。その時、御言葉は出来事となります。そして私たちは更に誠の信仰へと導かれることになります。ところが私たちはしばしば見て信じる信仰へ逆戻りしてしまいます。さまざまな困難の中で、問題の中で、主を信頼しなくなることが起こります。私にはあれがない、これがないということしか見えないのです。主が見えないところですでに備え、告げておられることが聞こえないのです。

更に順調の時、成功の時、立派にやっていると思える時、聞いて信じる信仰を失うのです。自分の順調、成功、やったことしか見えず、その背後に御言葉が働いておられるという現実が見えないのです。従って私たちは見えるところにより頼むことになります。

やもめのように、私にはこれしかないと惨めになっている時、主はそれを用いたもう、それゆえ御言葉を信じて従うことにしましょう。あの役人のように、本当に依り頼まねばならず、依り頼むことができるのは、御言葉以外にないことを知ろうではありませんか。見える形で現れる信仰の証しではなく、御言葉に信じ従う証しに心を留めようではありませんか。そうするなら、御言葉が私たちのうちに働いておられることを見るように導かれます。

（一九九九年一月三一日）

〈降誕節第七主日礼拝〉

わたしの教え

申命記六章一～三節

この方の御心を行おうとする者は、わたしの教えが神から出たものか、わたしが勝手に話しているのか、分かるはずである。

ヨハネによる福音書七章一四～二四節（一七節）

私たちは復活祭との関連で、過越祭がユダヤでは最も大事な祭りだと思ってしまうのですが、ユダヤ人にとって昔も今も最大の祭りは仮庵祭《かりいおさい》です。ユダヤの新年は、私たちの暦では九月から一〇月に当たるティシュレイの月の第一日が元旦です。新年から二週間後に仮庵祭は始まり、八日間続きます。この祭りは元来ぶどうやオリーブなど果物の収穫感謝祭でした。おそらくぶどうの収穫の間、ぶどう園に仮小屋を建て、そこで寝起きして収穫の作業に当たったことから来たのでしょうが、イスラエル民族はそれを、荒れ野の旅の間幕屋で生活したことと結びつけました。現在ではこの八日間、家の庭やベランダになつめやしの葉で仮小屋が建てられ、人々は小屋の中で共に食事をしながら、民族の歴史を記憶します。また、シュロ、ミルトス、柳の枝とレモンの実を手にして、それを東西南北にうち振りながら、嘆きの壁やシナゴーグに行き祈りをささげます。こうして神の恵みを思い起こすのです。

それだけではなく、古い時代には、神殿では神に犠牲がささげられ、荘重な水汲み、水注ぎの儀式が行われました。祭りの間毎日、シロアムの池から金の器に水を汲み、これを祭壇に注ぐ儀式です。これはこの祭りから二～三週間後に降り始める「前の雨」（口語訳・詩篇八四篇六節）への待望を表したものでしょう。ヨハネ七章三七節に、祭りが盛大に祝われる終りの日に、主イエスが立ち上がって大声で、生きた水のことを語られたのは、多分この儀式に関連してのことと思われます。また、神殿の婦人の庭では、夜ごとの祭典が行われたといいます。

主イエスは仮庵祭にエルサレムへ行こうとされませんでした。それは同五章一七、一八節にある安息日のいやしをとがめられた時、「わたしの父は今もなお働いておられる。だから、わたしも働くのだ」という言葉が、ユダヤ人には律法破りだけでなく、神への冒瀆と取られたからです。ユダヤ人は主イエスを殺そうとねらうようになりました。弟子たちは主イエスの理解者でなかったばかりか、反感をさえ抱いていたようです。主イエスは弟子たちの勧めを拒否してガリラヤに残られますが、彼らがエルサレムに上った後、ひそかに行かれます。そして祭りの半ばに神殿に姿を現し、教え始められました。それが今日のところです。

ユダヤ人たちは驚いたというのですが、この驚きは感心したというよりも、敵意と不審に満ちた疑惑だと言ってよいでしょう。「学問をしたわけでもないのに」（同七章一五節）は、「誰の弟子になったこともないのに」とすべきです。そして聖書という言葉も誤解を招きます。原文は「文字がわかるのか」であり、文字とは律法のことです。このところは後に使徒四章一三節で、最高法院の議員たちが、ペトロとヨハネの大胆な態度を見て、二人が無学な普通の人であることを知って驚いた、というのと似ています。当時、ラビになって教えるには、ラビの弟子になる以外になかったからです。しかし主イエスは答えられます、「わたしの教えは、自分の教えではなく、わたしをお遣わしになった方の教えである。この方の御心を行おうとする者は、わたしの教えが神から出たものか、わたしが勝手に話しているのか、分かるはずである」(ヨハネ七章一六、一七節)。

わたしをお遣わしになった方の教え、それはまた、神の御心であり、神の意志です。このことを主イエスがどのように語られたか、振り返ってみましょう。まず第一は、ヨハネ三章一六節の「神は、その独り子をお与えになったほどに、世を愛された。独り子を信じる者が一人も滅びないで、永遠の命を得るためである」。これが神の意志なのです。ルターはこのところを小福音書と呼びました。まさにこの一言に福音書が凝縮されています。カルヴァンはこう言いました、「人間は神から愛されていることを容易に納得しない。そこで私たちからすべての疑いを取り去るために、主イエスはことさらに、神はその独り子をも惜しまなかったほどに、私たちを愛した、と断言しているのである」。

私はこのところは、ローマ五章八節に通じると考えています。そこにはこうあります、「しかし、わたしたちがまだ罪人であったとき、キリストがわたしたちのために死んでくださったことにより、神はわたしたちに対する愛を示されました」。従って神は、誰に対しても「あなたはダメだ」とは言われないのです。主イエスもまた誰に対しても「あなたはダメだ」とは言われないのです。

第二は、ヨハネ四章三四節です。主は空腹も疲れも渇きも忘れて、サマリアの女と話しをされます。ユダヤ人からは汚れた異邦人として交わりを拒否され、同族のサマリア人からも、その自堕落な背徳の生活のゆえにさげすまれている彼女と、ねんごろに話されます。帰ってきた弟子たちが食事をすすめると、「わたしにはあなたがたの知らない食べ物がある」(同三二節)と言い、言葉を継いで「わたしの食べ物とは、わたしをお遣わしになった方の御心を行い、その業を成し遂げることである」(同三四節)と言われました。主イエスの教えと業とは別のものではなく、主イエスの教えは遣わされた父の教えであり、その業は遣わされた父の御心を成し遂げることなのです。そのことが主イエスの生の原動力でした。このところで主イエスはサマリアの女に対して、「あなたはダメだ」とは言われませんでした。彼女が人々に「わたしのしたことをすべて、言い当てた人がいます」と言ったにもかかわらず、彼女は自分を救ってくださる方、自分を神が愛していてくださると言う人の言葉を聞いたのです。それが彼女を立ち上がらせました。

私たちは誤解しています。私たちが立派な信者になれば、天の父は私を愛してくださるのだと思っています。ですから「私はダメだ、ダメだ」と言うのです。心の中では、それでもあの人よりはましだ、と思いながら。ですから他の人にも、「あなたが立派な信仰を持てば、天の父はあなたを愛してくださいます」などと言うのです。しかし今まで述べたところはそれとは全く違います。ローマの信徒への手紙の言葉によれば、神がキリストにおいて愛していることを示されたのは、私たちがまだ罪人であった時です。そしてヨハネでは、具体的にサマリアの女に対して示しています。

第三はヨハネ五章二四節と同三六～三九節です。ここには、わたしの言葉は、わたしをお遣わしになった方の言葉である、わたしを信じる者は、わたしをお遣わしになった方を信じるのである、わたしを見た者は父を見たのである、という響きがあります。ですから、わたしの業は、父がわたしをお遣わしになっていることの証明なのです。なぜなら、わたしは父の御心をなしているからだ、と主は言われます。

三九節「あなたたちは聖書の中に永遠の命があると考えて、聖書を研究している。ところが、聖書はわたしについて証しをするものだ」は特に私たちに響きます。ここで言われている聖書は、旧約聖書のことです。しかし四六、四七節「あなたたちは、モーセを信じたのであれば、わたしをも信じたはずだ。モーセは、わたしについて書いているからである。しかし、モーセの書いたことを信じないのであれば、どうしてわたしが語ることを信じることができようか」の言葉からすれば、モーセの書いたこと、すなわち律法と言ってもいいのです。主イエスは大胆にも、律法はわたしについて証するものだ、と言うのです。なぜなら聖書、すなわち律法は神の御心、神の意志を示し、それを行うものとしての主イエスを証ししているからです。しかし私は、ここを私たちへの言葉として聴くことができるし、聴くべきだと思います。私たちはどう聖書を読んでいるでしょうか。そこに主イエスにおいて示される神の御心、神の意志を聴き、それに従っているでしょうか。主イエスが言われる「わたしの教え」はそのことを求めています。

こうして私たちは今日の聖書の箇所に導かれます。今や、ヨハネ七章一七節の「この方の御心を行おうとする者は、わたしの教えが神から出たものか、わたしが勝手に話しているのか、分かるはずである」という言葉にうなづくことができます。天の父の御心を行うということを、倫理的道徳的に解釈することはできません。求められているのは、主イエスを信じ、天の父を信じることだけなのです。私は天の父の御心を行うということを、天の父がその人を愛しておられる愛を、その人に伝えること、示すことだと信じています。ところが私たちはすぐそこに条件をつけてしまいます。なぜなら自分の栄光を求めるからです。私は世俗的なことについて言っているのではありません。信仰のことと思っていることの中でも、自分の栄光を求めます。私たちは自分でなんでもやってしまいたいのです。これは私がやったと言いたいのです。成功してほめられることが、私を遣わされた方の栄光になると思っているのです。主イエスはそうでないことを知っておられました。だからこそご自分の栄光を一切放棄して、御心のままにと求められるのです。

ヨハネ七章一九節で突然律法のことが出てくるので、戸惑います。ここには七章一節の、ユダヤ人が殺そうとねらっていたという状況が反映し、そのことはヨハネ五章一節以下のベトザタの池でのいやしのことから来ています。いやしがなされたのは安息日でした。ここからユダヤ人の主イエスに対する迫害が始まったのです。殺害の計画が表面化してきました。群衆の中ではいろいろのことがささやかれていました。ここで主イエスは二つのことを言われます。ひとつはモーセは律法を与えたのに、あなたがたは誰も律法を守らない、もうひとつはなぜ私を殺そうとするのか、です。この二つのことは結びついています。群衆は非難と否定で答えますが。主イエスは言われます。安息日のいやしが問題になっているが、モーセの定めた割礼のために安息日が平気で破られているではないか、と。割礼は、レビ記一二章三節「八日目にはその子の包皮に割礼を施す」にもかかわらず、アブラハムの時代からありました。イスラエルの男子は出生後八日目に、たとえその日が安息日であっても、割礼を行わねばならなかったのです。主はこう言われます、「モーセの律法を破らないようにと、人は安息日であっても割礼を受ける」。私は注意を促しておきます。ユダヤ人は主イエスが、いやしのために安息日の律法を破ったと言っていますが、主は、割礼を受けさせるために安息日の律法を破ると言っておられるのではなく、律法を破らないように安息日でも割礼を受けさせると言っておられます。従って続く言葉は少し補うと、「わたしが律法を破らないように、安息日にいやしたからといってなぜ腹を立て、わたしを殺そうとするのか」（ヨハネ七章二三節）、ということになります。律法は本来、人がそれを守ることによって幸いと命を得るためのものです。確かにベトザタのいやしはすぐさま命にかかわる病気ではありません。三八年間病気で苦しんでいる人が、一日待ったとてどれほどのことはない、と私たちは考えがちです。しかし、「わたしを池にいれてくれる人が誰もいない、皆他の人が先に入ってしまう」という言葉には、誰からも顧みられることのない、絶望的な響きがあります。主イエスは律法が破られないように、彼をいやされたのです。それが自分を遣わされた方の御心だと信じたからです。それがこの見捨てられた人への安息日のいやしとなったのです。

私はマザー・テレサの中にこの時の主の姿を見ます。彼女は、最大の難病はハンセン病や結核ではなく、「捨てられ、つまはじきされ、もはや望まれていないという意識にとらわれていることである。それを助けることができるのは、愛する者だけである」と言います（ツィンク『私はどこえ行くのか』新教出版社）。こうして彼女は悲惨の中に沈み切っている人々に、神はあなたを愛しておられるということを示すための働きを始めました。

もちろん主イエスにはユダヤ人のように、律法を守らねばならぬというお考えはありませんでした。ここではユダヤ人たちの律法についての矛盾と、それゆえに律法違反の名目で自分を殺そうとすることの理由のなさを指摘されただけです。しかしその根底には、わたしをお遣わしになった方の御心を行うことが、わたしの教えだということがあります。私はこのことをここから聴きたいと思っています。

主イエスの基本姿勢は、自分をお遣わしになった方の御心を行うことでした。敬愛する榎本保郎牧師の基本姿勢は聴従ということでした。それはまた、主イエスが言われるわたしの教えに聴き従うことを意味しています。それが弟子になることです。主イエスはしるしを見て信じる人を求められません。理解する人を求められません。敢えて言うなら、信者を求められません。主イエスは弟子を求められます。聴き従う人を求められます。聴き従うところで祈りは起こります。ゲッセマネの祈りがそうでした。「わたしの願いではなく、御心のままに」。これは、私の願いをという世界から、御心のままにという世界への偉大なる転換点であったと考えています。そして聴き従うところで出来事は起こります。主イエスのペトロへの最初の言葉は「わたしについてきなさい」でした。ペトロへの最後の言葉は「わたしについてきなさい」でした。彼の生涯はこの二つの言葉の間にあります。最初のついてきなさいは、本当の生涯への第一歩の促しでした。最後のついてきなさいは、神の栄光にあずかる約束でした。私の、私たちの生涯もこの二つの言葉の間にあるのではないでしょうか。「わたしの教え」は御心を行うことでした。それが本当の信仰、本当の救いへと導くのです。

（一九九九年二月七日）

〈降誕節第八主日礼拝〉

いやし

列王記下四章三二～三七節

そこで、イエスは怒って人々を見回し、彼らのかたくなな心を悲しみながら、その人に、「手を伸ばしなさい」と言われた。伸ばすと、手は元どおりになった。

マルコによる福音書三章一～六節（五節）

先週私は預言者エリシャのことをあまり好きではないと言ったのですが、それはあまりにも不思議というか、奇妙というか、そういう話が多いからです。それに偉大なエリヤの二番煎じのような感がするからです。にもかかわらず私は今日のエリシャの話は好きなのです。エリヤにも列王記上一七章一七～二四節に同じような話がありますが、エリシャの話のほうが細部にわたり、しかも生き生きとしています。この話は列王記下四章八節から始まります。

北イスラエル王国の中央部、ギルボア山麓のシュネムの裕福な婦人の世話をエリシャは受けます。彼を聖なる神の人と認めたからです。エリシャはこの時カルメル山にいました。シュネムはカルメル山から約五〇キロのところでした。彼女は屋上にエリシャのために部屋を造り、彼が来たら泊まれるようにしてあげました。エリシャはお礼に、王か軍司令官に願いごとがあれば取り次いであげようと言いましたが、彼女は何の不足もありませんと言う。彼女には子供がないので、エリシャは「来年の今ごろ、あなたは男の子を抱いている」（同一六節）と言う。子供、特に男の子がないということは、イスラエルでは神の祝福から漏らされているということでした。サムエルの母ハンナがどんな思いで祈っていたか、またエリサベトはみごもった時、「主は……人々の間からわたしの恥を取り除いてくださいました」と言ったのです。彼女は「いいかげんなことを言わないでください」と言ったのですが、本当に子供が生まれました。

ところがその子が大きくなった時、突然急病で死にます。シュネムの女は子供をエリシャの寝台に寝かせると、戸を閉じて出てきて、理由がわからぬ夫の止めるのも聞かず、急いでエリシャのところへでかけます。エリシャはこのことを神から知らせられていなかったので知る由もなかったのですが、彼女の言葉に事態を察します。始めは僕ゲハジを遣わそうとするのですが、彼女はエリシャにすがりついて離れません。エリシャは一緒に出かけます。彼は彼の部屋の戸を閉じ、寝台に横たえられている死んだ息子と二人きりになると、いやしの祈りと業を行います。それが今日のところです。

ある人は、エリシャの行為を人工呼吸だと言い、他の人は「命の接吻」という蘇生術だといいますが、そんな説明をつける必要はありません。ある聖書は同三五節を「再び寝台に上って子供の上にかがみ込み、七度息を吹き込んだ」と訳していましたが、それは創世記二章の人間創造の箇所にこだわりすぎです。ここで「七回くしゃみをした」とは、命の息が鼻に戻ったのです。しかしエリシャのこのふるまいは、私には自分の命を相手の中に注ぎ込もうとする心の現れのように思われます。私も病人の手を握って祈る時、私の命が相手の方の中に注ぎ込まれるようにと祈らざるを得ないのです。こうして子供は命を取り戻し、彼女はエリシャの中に神の力が働いておられることを認めたのです。

このところにはいろいろのことが込められています。ひとつは病気ということです。旧約聖書では病気はどう考えられていたのでしょうか。レビ記二六章一四～二六節を見ると、病気は神に従わず、掟を守らず、神との契約を破る者に対する神の裁きのしるしとされています。病人は汚れた者とみなされ、それがいやされても清められなければならない、と入念な規定があります。ことに祭司職につく者に対しては、病気や障害のある人に対する厳しい排除規定（同二一章）があるほどです。このことは新約時代にも変わりありません。

祈祷会で使徒三章を学んでいた時、神殿の美しい門のところに運ばれ置かれていた生まれながら足の不自由な男は、礼拝に参加することができたのかと、疑問になりました。美しい門は異邦人の庭から婦人の庭に入るところにあります。そのもうひとつ奥がイスラエルの庭です。そうすると彼は、ただ足が不自由だったからではなく、やはりイスラエルの男性として礼拝に参加できなかったようです。彼はいやされて踊り上り、神を賛美しながら一緒に境内に入って行きました。
もうひとつの実例は、ヨハネ九章の生まれつき目の見えない人のいやしの記事です。彼もやはり異邦人の庭で物乞いをしていたようです。その人を見て弟子たちは主イエスに尋ねます、「ラビ、この人が生まれつき目が見えないのは、誰が罪を犯したからですか。本人ですか、両親ですか」（同二節）。これが一般のユダヤ人の捉え方です。主イエスは「本人が罪を犯したからでも、両親が罪を犯したからでもない。神の業がこの人に現れるためである」（同三節）と言っていやしをなさいます。
これが大問題となり、彼は誰にいやしてもらったかと問いただされ、主イエスを認めようとしない人々から散々につつかれます。そして「お前は全く罪の中に生まれたのに、我々に教えようというのか」（同三四節）と追い出されます。
それと同時に神はいやされる方であり、いやしは神によってなされると信じられました。詩編三〇編三節はこう歌っています。

わたしの神、主よ、叫び求めるわたしを
あなたは癒してくださいました。

第二イザヤは更に、苦難の主の僕について五三章四～五節にこう言います。

彼が担ったのはわたしたちの病い
彼が負ったのはわたしたちの痛みであった………

彼の受けた傷によって、わたしたちはいやされた。

いやしは病気の治癒、健康の回復ばかりではありません。神との関係の回復、また従って契約共同体における交わりの回復でもあります。私はこのことは私たちがしっかり把握しておかねばならないと考えています。

ユダヤ教のラビたちは、罪と特定の病気を結びつけました。例えば、潰瘍は不品行、不道徳の罪、喉の炎症は十分の一献金を怠った罪、出血は偽証の罪、というように。もちろん何の根拠もありません。私たちは笑ってしまうのですが、今でもこうしたこじつけをする人は後を絶ちません。しかし私は、大もとのところで、病気や不健康は神との交わりの障害、神との関係の歪みにかかわりがあると考えています。従っていやしは神との交わり、神との関係の回復へと向かうものです。

もう一度シュネムの女に戻ります。彼女は息子が死んだ時、一方においてはこのことは誰にも知られてはならないと考えました。旧約における病気についての考え方からわかって頂けるでしょう。彼女は人々から責められ、罵られ、罪人のように扱われ、自分自身をも責めることになるでしょう。またエリシャも偽預言者のそしりを受けることになるでしょう。彼女は死んだ子供をエリシャの部屋に入れ、寝台に寝かせ、戸を閉じて出て行くのです。

もう一方において彼女は、このことはエリシャにも責任があると考えていました。彼女の言葉がそのことを表しています。従ってゲハジを代わりに行かせようとするエリシャの足にすがりつくのです。子供はいやされました。彼女は近づいてエリシャの足下に身をかがめ、地に伏して神を礼拝しました。いやしはいやしだけで終わらず、神への感謝、賛美、礼拝へと向かうことによって完結します。そこで初めていやしは救いとなります。

私はルカ一七章一一〜一九節に記されている一〇人の重い皮膚病を患っている人々のいやしの記事に注目します。主は一〇人全部をいやされました。祭司に体を見せに行く途中でいやされたことを知って、一〇人のなかでたった一人、サマリア人だけが感謝するために帰ってきました。私は世の中は皮肉なものだと思います。一〇人が重い皮膚病になったので、彼らは一緒に生活するようになりました。他の人からは汚れた者と言われながら。しかし病いがいやされた時、つまり清められた時、ユダヤ人にとってサマリア人は汚れた者となったのです。彼が感謝を言うために帰ってきた時、主は言われます、「清くされたのは十人ではなかったか。……この外国人のほかに、神を賛美するために戻ってきた者はいないのか」（同一七、一八節）。そしてこのサマリア人に言われます、「立ち上がって、行きなさい。あなたの信仰があなたを救った」（同一九節）と。私たちはハッとします。重い皮膚病がいやされたことを主は救われたと言われません。神を賛美するために戻ってきたこと、神との関係の回復を救いと言われるのです。

もうひとつ、このシュネムの女の記事で教えられるのは、エリシャに言った二度の言葉、「わたしを欺かないでください」です。一度目はエリシャが「男の子が与えられる」と言った時（列王記下四章一六節）です。もう一度は子供が死んで、エリシャに恨み言を言った時（同二八節）です。実は一六節と二八節では用いられている言葉が違います。『新改訳聖書』は、一六節を「偽りを言わないでください」とし、二八節のほうを「気休めを言わないでくださ い」と訳しています。

私は病気の方を見舞った時、何と気休めを言ってきたことかと反省するばかりです。ことに病の重い方に対しては言う言葉もなく、四方山話をして早々に切り上げてくることが多いのではないでしょうか。「お元気そう。早く良くなってね」などと気休めを言うのです。

私がある教会に赴任して間もない頃、ある婦人の御主人が入院されたことを聞いて、お見舞いに行きました。奥さんは教会員でしたが、御主人は教会に来ておられず、初対面でしたが、別れぎわに祈らせて頂きました。「医者、看護婦、御家族などの手を通して、また薬を通して、外側からいやしをなしてください。しかしあなたの御手をもって内側からこの方を強め、全きいやしをなしてください」。この方はこの祈りを喜んでくださいました。幸い退院に導かれ、教会に来られるようになったのはそれからでした。そして受洗にまで導かれました。

主イエスはいやす方でした。私は改めてマルコ福音書を読んで、いやしの記事が多いのに驚きました。四人の漁師たちを弟子にされるとすぐ、汚れた霊に取りつかれていた男のいやしが出てきます。多くの病人をいやされたことが出てきます。重い皮膚病の人のいやし、中風の人のいやしと続きます。そして今日のところです。四章の種まきのたとえをはさんで、五章は二つの、三人のいやしです。

私はマルコの描く主イエスのいやしは、解放、ときはなしと捉えています。人はさまざまなものにとらわれます。とらわれていては神とのかかわりを持つことはできません。私たちは自分では何にもとらわれていないように思っていますが、私はとらわれのない人はいないと思っています。マルコ一章二一〜二八節のいやしは汚れた霊からの解放でした。同二章一〜一二節は罪からの解放、四〇〜四五節は汚れからの、共同体の排除からの解放でした。つまり赦しでした。そして今日のところは律法からの解放です。

人はとらわれを持つと、他の人をもとらわれの中に引き込まずにはいられません。律法にとらわれている人がいます。彼らは人を律法のとらわれに引き入れずにはおられません。主イエスは人々の心のかたくなさに逆らってこう言われます、「安息日に律法で許されているのは、善を行うことか、悪を行うことか。命を救うことか、殺すことか」(同三章四節)。

私はこの主イエスの問い方に注目したいと思います。多くの人は、そして私たちも、律法とは、こうしなければならぬということの集大成だと思っています。しかし主イエスは、律法は許可だと受け取っておられたのです。安息日にしてはならぬということのおびただしい規定ではなく、安息日には善を行ってよい、命を救ってよいのです。主イエスが安息日に敢えていやしをなさったのは、そのためです。私はこの許可ということにもっと注意していただきたいと願っています。なぜならキリスト教会の中にも、数多くの、こうすべき、こうしなければならない、が持ち込まれつつあるからです。主はそうしたものからの解放を願われました。しかし、手のなえた人は解放されましたが、ファリサイ派の人々は一層のとらわれに落ち込んで行きました。それは今も同じです。さて、私はいやしのために祈ります。しかし同時に私は病気との共存を考えています。私は完全な健康はあり得ないと思います。むしろ一病息災のほうが、より健康に近いと考えています。その病気とどうつき合って行くかが大事なこととなります。それも神と主イエスとの導きによるものではありますが、また私たちの信仰のあり方でもあるのです。そのことの中で主は本当のいやし、神との深い交わりへと私たちを導いてくださると信じます。

（一九九九年二月一四日）

〈復活前第六主日礼拝〉

だれのところへ

「主よ、わたしたちはだれのところへ行きましょうか。あなたは永遠の命の言葉を持っておられます。」

アモス書八章九～一四節

ヨハネによる福音書六章六〇～七一節（六八節）

話しても話しても理解されない悲しみ、話しても話しても誤解され、反感を抱かれ、去られてしまう悲しみ。そんな悲しみを味わったことがありますか。相手の理解しようとしないことにも問題はあるでしょうが、私たちの場合はむしろ私たち自身に問題はあるとすべきでしょう。事柄に対する自分自身の理解のたらなさ、表現のまずさ、そして何よりも私たちの心の問題性。しかし私たちはそうした思いを味わいたくないので、沈黙し、話さなくなり、人を避け、孤独の中に閉じこもり、私たちは自分の本当の問題を解決する道を失います。

主イエスは私たちのこうした悲しみを知っておられました。ただ、思いやることがおできになったばかりでなく、自ら経験なさったからです。私はここヨハネ福音書六章を読むと、主イエスの悲しみがにじみ出ているのを感じ、私も悲しい思いにとらえられます。しかしそれは何のゆえであったか説明しようと思うと、これがとてもむつかしいのです。ここのところには編集者の手が二重にも三重にも入っているからですが、私たちにはそれを見極めることは困難です。そのことを承知の上で、私はできるかぎり説明を試みたいと思います。

発端は六章の始めに、ガリラヤ湖の向こう岸で、五〇〇〇人の人を五つのパンと二匹の魚で養われたことでした。人々は口々に「この人こそ世に来るはずの預言者だ」と言い始め、主イエスを無理やりに王にしようとしているのを知って、山に退かれます。そして夕方ひそかに弟子たちと共に湖を渡られます。翌日そのことを知った群衆は、主イエスの後を追ってきます。主は彼らを見抜いておられ、言われます、「あなたがたがわたしを捜しているのは、しるしを見たからではなく、パンを食べて満腹したからだ。朽ちる食べ物のためではなく、いつまでもなくならないで、永遠の命に至る食べ物のために働きなさい」(同二六、二七節)。

いつの時代にも人は目先のことを求め、信仰の名においてさえ目先のことを求めます。すぐなくなってしまうものを求めます。私は最近、人々のニーズに答えるという言葉に疑問を持っています。私たちを含めて人間のニーズは極めて目先のことに陥りやすいからです。私は教会はコンビニエンス・ストアになるわけには行かないと考えています。ここで主イエスが、いつまでもなくならないものと言われているものを、提供しなければならないと考えています。そして人も目先のことではなく、生きるために心底必要なものを求めねばならぬと考えています。

主イエスの「永遠の命《いのち》に至る食べ物を求めなさい」という言葉は、人々の中に反響を引き起こしました。永遠の命を得るためには神の業をする必要があります。「何を行えばよいでしょうか」と人々は問います。主の答えは明白でした。「神の業とは、神がお遣わしになった者を信じることである」(同二九節)。ああ、これは自分のことを言っているだと理解した彼らは、信じることのできるしるしを要求します。荒れ野でモーセが天からのパン、つまりマナを与えたように、と。またもやパンのことです。主は言われます、「天からのパンを与えたのはモーセではない。わたしの父が天からのまことのパンをお与えになる。神のパンは天から降って来て、世に命を与えるものである」(同三二、三三節)。

主イエスと群衆との食い違いは更に更に続きます。これは彼らが自分自身を求めているからです。自分のニーズばかりを突きつけているからです。しかし私たちはここまで来て、いくらかのヒントを与えられたのではないでしょうか。主が言われる永遠の命に至る天から降った神のパンとは、イエス・キリストご自身にほかならないことに、気づかせられ始めているのではないでしょうか。果たして主は、「わたしが命のパンである」と言われるのです。人々は騒然とし始めました。「これはヨセフの息子だ。天からのパンなんかであろうはずがない」と。昔も今も同じです。この人間イエスが神の独り子であると信じるには、神の導きがなければなりません。

これから後のところには聖餐のことが色濃く反映しています。ヨハネ福音書は聖餐式のことは取り上げません。なぜなら次第に洗礼と聖餐とが、救いの必要な手段とされて来たからです。それでもなお聖餐のことを言わねばならなかったのは、これも当時起こっていたイエス・キリストを霊的存在としてのみ認めるという立場に対してです。ヨハネ福音書にとって聖餐のパンとぶどう酒は、主イエスの肉を食べ、血を飲むほどのリアリティに満ちたものでした。従ってここで言っていることを精神的なことにしてしまうわけにはいきません。カトリック教会では、パンとぶどう酒が聖別されることによって実質的に主イエスの体と血とに変わるとします。ですから聖餐式と言わずに、聖体拝領、御体《みからだ》をいただくと言います。宗教改革の中で、ツウィングリはこれを象徴と理解しました。つまりパンとぶどう酒は主イエスの体と血との象徴なのです。しかしルターはこれに反対しました。ルターにとっては、カトリック教会のように実質的に変化するのではありませんが、パンとぶどう酒の中に御言葉においてキリストの体と血とが実在するのでした。従ってルターはヨハネ福音書に近いということができるでしょう。

ところでこれは何を意味するものだったのでしょうか。ユダヤ人にとって、人の肉を食べることも血を飲むことも禁じられ、嫌悪されていましたから、この主イエスの言葉に拒否反応を示しました。それが今日のところです。拒否反応を示したのは群衆ではなく、弟子たちでした。「実にひどい言葉だ。だれが、こんな話を聞いていられようか」(同六〇節)と。

私もまた、聖餐においてパンとぶどう酒にあずかることは、キリストの体と血とにあずかるという切実さにおいてのことだと信じています。それはまたキリストの命をいただくことだと信じています。従って同五六節の言葉をその通りに聞いています。「わたしの肉を食べ、わたしの血を飲む者は、いつもわたしの内におり、わたしもまたいつもその人の内にいる」。

前にも話したことがありますが、八木重吉の詩に、こういうのがあります。

きりすと
われにありとおもうはやすいが
われみずから
きりすとにありと
ほのかにてもかんずるまでのとおかりしみちよ
きりすとがわたしをだいてくれる
わたしのあしもとにわたしがいる

ひとりの若い女性がいました。彼女は不安感を抱いていました。その不安感は彼女が幼少のころから、だれからも強く抱き締められた経験のないことから来ていました。キリストが抱いてくれるということは、単なる幻想でしょうか。それとも切実さを持った現実でしょうか。私は彼女がキリストが抱いてくれると実感できるようにと祈らざるを得ません。

主の言葉はこのあたりから悲しみが漂い始めます。同六二節はとても理解がむつかしいのですが、ヨハネ三章一二、一三節がそのヒントを与えてくれるように思います、「わたしが地上のことを話しても信じないとすれば、天上のことを話したところで、どうして信じるだろう。

天から降って来た者、すなわち人の子のほかには、天に上った者はだれもいない」。主は言われます、「命を与えるのは霊である。肉は何の役にも立たない」（同六章六三節）。ここにはどうして分らないのか、という響きがあります。そして「わたしがあなたがたに話した言葉が霊であり、命である」と。主の言葉が霊であり命であるとすれば、私たちが主の言葉を聞くということは、肉を食べ、血を飲むというほどの切実さをもってなされるべきことであることを示しています。私はある作品の中に、主人公が、語り手と聞き手の情熱をこう表現しているのを見ました、「おれに話してくれ。ひとつ残らず、全部のことを。耳を広げてガツガツむさぼってやるから」。

しかし主は信じない者があるのを、裏切る者があるのを、ご存じでした。危機は迫っていました。弟子たちの多くが離れ去り、もう二度と共に歩まなくなりました。主は一二弟子に言われます、「あなたがたも離れて行きたいか」（同六七節）。言外に「離れて行きたいなら、行っていいんだよ」という意味が含まれ、そこには限りない悲しみが漂います。ペトロは代表して答えます、「主よ、わたしたちはだれのところへ行きましょうか。あなたは永遠の命《いのち》の言葉を持っておられます。あなたこそ神の聖者であると、わたしたちは信じ、また知っています」（同六八、六九節）。ヨハネには、マタイ、マルコにあるフィリポ・カイサリアにおけるペトロの信仰告白はありません。ルカにはフィリポ・カイサリアではありませんが、ペトロの信仰告白はあります（ルカ九章二〇節）。私はここそヨハネ福音書におけるフィリポ・カイサリアだと考えています。

私たちなら起こっても仕方のないこと、起こるのが当然であるようなことが、なぜ主イエスに起こるのでしょうか。ある人が言いました、「もし主イエスが私たちのところに来て、耳ざわりのいい言葉を語られるなら、私たちは主イエスを歓迎するでしょう。しかし主イエスが来られてほんとうのことを話されるなら、私たちは、あの男を十字架につけろ、というでしょう」と。なぜなら私たちは結局自己を求めているからです。神の言葉に自己を従わせようとしないで、自己の方向へ神の言葉をなびかせようとするからです。私たちもその危険性をいつも持っています。

「主よ、わたしたちはだれのところへ行きましょうか。あなたは永遠の命の言葉を持っておられます」(同六八節)。後に使徒四章一二節は、ペトロが信仰を確立した後の言葉を告げています、「ほかのだれによっても、救いは得られません。わたしたちが救われるべき名は、天下にこの名のほか、人間には与えられていないのです」。この六八節の言葉は私たちに二つのことを示しています。ひとつは私たちがほんとうに求むべきであり、求めなければならないものは何かということです。ヨハネ福音書はそれを永遠の命という言葉で表しています。

永遠の命とは死なないことではありません。ヨハネにおいて真の命は神だけが持っておられるものでした。そして永遠という言葉も本来神について以外に用いられない言葉です。従って永遠の命は神にのみあり、私たちは神に帰し、神との交わりにおいてのみ、永遠の命にあずかるのです。神との交わりはイエス・キリストにおいてのみ開かれ、キリストにおいてのみ交わりの中に留められます。従って永遠の命の言葉である主イエスの言葉に聞くこと、それに生きるより他にありません。

もうひとつは、私たちの行くべきところは、イエス・キリストのところ、まことの命の言葉以外にないということです。私は埼玉地区の新年合同礼拝の時、こう申しました。「時代が大きな転機にさしかかると、キリスト教会の中にひとつの声が起こる。その声は『御言葉に帰れ』という声である」。私は今教会を巡るさまざまな動きの中にそれを感じています。日本聖書協会が紀元二〇〇〇年を目指して、聖書通読運動の一大キャンペーンを実施し始めました。またキリスト教出版社でないところから、次々に聖書に関する本が出版され、そして売れています。しかし私はひとつの危惧をも感じています。アモス書八章一一、一二節のゆえです。

見よ、その日が来ればと
主なる神は言われる。
わたしは大地に飢えを送る。
それはパンに飢えることでもなく
水に渇くことでもなく
主の言葉を聞くことのできぬ飢えと渇きだ。
人々は海から海へと巡り

北から東へとよろめき歩いて
主の言葉を探し求めるが
見いだすことはできない。

御言葉《みことば》への飢えが起こることは一見喜ばしいことのしるしのように見えます。私はフランスの諺、「食べてみれば、食欲は出てくる」ということを、聖書を読むことに当てはめています。ですからこのような声の響きがあって飢えが起こることは良いことです。しかしここでアモスが言っているのは、この飢えは、地中海から死海へ、北から東へと、探し求めても決して満たされることのない飢えなのです。なぜか。神との交わりが失われている中では、神は沈黙されるか、私たちが神の言葉を聞いても理解する力を失うか、だからです。

私たちはもうひとつの言葉を聞かねばなりません。「キリストに帰れ」との声です。キリストにおいて聞かなければ、御言葉は命を失うのです。私たちはだれのところへ行きましょう。あなたのところ以外にはありません。あなたは永遠の命の言葉を持っておられます。だれのところへ。永遠の命の言葉を持っておられるキリストのところへ、それが今、私たちが聞いている声です。

（一九九九年二月二一日）

〈復活前第五主日礼拝〉

神の国は来ているか

イザヤ書三五章一～一〇節

わたしが神の霊で悪霊を追い出しているのであれば、神の国はあなたたちのところに来ているのだ。

マタイによる福音書一二章二二～三二節（二八節）

私たちはイザヤ書一～三九章を第一イザヤの預言と見、四〇～五五章を第二イザヤ、五六～六六章を第三イザヤの預言と見ています。しかし第一イザヤの本来の預言は三五章で終わり、三六～三九章は三八章九～二二節のヒゼキヤの祈りを除けば、列王記下一八章一三節～二二章一九節とほぼ同じです。従って三四、三五章は第一イザヤの預言の締めくくりの部分とされています。多くの人々は、その表現や言葉が第二イザヤと似ているので、第二イザヤによってここに入れられたのだと想像しました。しかし第一イザヤが書いたということもまったく否定することはできません。

イザヤ書三四章が、エドム人を始め諸国民の滅亡、すべての秩序の崩壊という暗い側面を示しているのに対して、同三五章は明るい未来を描きます。

荒れ野よ、荒れ地よ、喜び躍れ
砂漠よ、喜び、花を咲かせよ
野ばらの花を一面に咲かせよ。

野ばらの花と訳されているのは、今まではサフランとされていました。確かに聖書にはばらという植物があるのですが、今日のばらではないようです。どうやらクロッカスか、水仙ではないかと言われています。アネモネだと言う人もあります。私たちがイスラエルに行ったのは一二月の末でしたから、花はアネモネをいくらか見た程度でしたが、今頃は一面の花畑となっていることでしょう。

荒れ野、荒れ地、砂漠、言い方はいろいろですが、イスラエルの東側から南へ広がる広大な地域の総称で、草木一本ない荒れ野を見た時、これは生命なき死の世界だと思いました。そしてイスラエルでは国土の六〇%を荒れ野が占めているのです。ですから

荒れ野に水が湧きいで
荒れ地に川が流れる。
熱した砂地は湖となり
乾いた地は水の湧くところとなる。(同三五章六節b〜七節a)

というのは夢のようなことでした。

イスラエル共和国の初代首相ベングリオンは、この荒れ野を制しなければイスラエルの未来はないと、数人の若者と共に、乾いた地を意味するネゲブ地方に移住、開拓に全てを賭けました。今日そこは広大な果樹園、野菜畑となりつつあります。イスラエルの人々はこれをイザヤの預言の成就と見ています。しかしイザヤが描こうとしたのは、この沃野となった荒れ野に大路がしかれ、それを通って解放された人々がエルサレムに帰ってくることでした。現在のイスラエルの人々は、こうした状況を神の国の完成と見ているのでしょうか。私にはこうした見方考え方は、つまり自分たちの努力で神の国を建設しようという見方考え方は、とても危険だと思えるのです。

神の国は来るのか来ないのか。すでに来ているのか、まだ来ていないのか。神の国、天の国、天国という言葉は、一般にはあの世と同じように、かなたの世界のように受け取られています。しかし神の国というのは一定の領域というよりも、神の支配を意味しています。国と言っても、今の時代のように国境線が確定していたわけではないので、支配者の支配に服する人のいるところ、そこが国なのです。

日本の最南端はどこかというクイズがありました。戦前なら台湾、今なら沖縄と言うでしょう。ところが東京なのです。緯度なら台湾のもっと南になる太平洋上の孤島、東京都沖ノ鳥島、島と言っても広さ畳二枚ほどの岩礁。波の中に沈んでしまってはもう島でなくなりますから、コンクリートでかさあげをしたとのことです。もちろん住民ゼロ。とても支配が及んでいるとは言い難いのですが、領海を決めるのにはこれだけでも重要なのです。しかし地球の温暖化が進み、海の水位が上がれば、沖ノ鳥島は消えてしまうかもしれません。

旧約では神が王、王なる支配者でした。しかしやがてイスラエルの人々は他の民族と同じように、自分たちの王を欲しました。こうして王国が成立したのですが、王も人々も共に神に従うことが定めでした。神に対する不服従の故に王国が危機にさらされると、神は介入なさり、王と民とを救われました、やがて王国は滅亡し、それ以来王が立てられることはありませんでした。バビロンからペルシア、ギリシア、シリアと外国の支配を受けました。紀元前二世紀のころ一時独立を獲得しましたが、一〇〇年ほどでローマの支配下におかれました。ユダヤ教の中では、神の国は次第に終末論的な概念となりました。つまり世の終わりに神の国は実現するとされたのです。

エルサレムの東、ケデロンの谷を隔ててオリーブ山があります。そのエルサレムを望む側には、斜面をおおいつくすようにユダヤ人の墓が並び、死体は足をエルサレムのほうへ向けて葬られていると言われます。終わりの日、メシアがその軍勢を引き連れてくる時、彼らは生き返ってメシアと共に黄金門からエルサレムに入城し、メシアと共に支配すると言い伝えられています。主イエスがエルサレムに入城されたのはこの門だったと言われるのですが、今は石でふさがれています。終わりの日のメシアの入城を防ぐため、イスラム教徒がふさいでしまったということです。

主イエスの最初の説教が、「神の国は近づいた」と告げるものであったことは、マタイもマルコも記しています。ルカでは、ナザレの会堂における最初の説教は違った形ですが、その意味するところは神の国の実現でありましょう。なお、マルコとルカでは「神の国」という言葉が用いられていますが、マタイでは「天の国」が多いのです。「神の国」は四回しか用いられていません。そのひとつが今日のところです。従って天の国と神の国は、同じことと言ってよいでしょう。

ところが主イエスの神の国についての言葉は、一方において「神の国は来ている」と言っておられると理解されますが、もう一方において「神の国はまだ来ていない」と言っておられると理解されます。このことは私たちを悩ませてきました。そして神の国の現在性を強調する人あり、将来性を強調する人ありと言うことになりました。しかしこれを神の国は成長するものなのだと理解してはどうでしょうか。マルコ四章二六～三二節には二つのたとえが示されていますが、ひとつは神の国は成長する種、もうひとつは成長するからし種にたとえられています。神の国はすでに種として蒔かれ、それ自身の力によって成長するのです。その意味で既に来ており、まだ来ていないのです。

さて今日のところは、ファリサイ派の人々とのベルゼブル論争と呼ばれています。主イエスはサドカイ派とも論争されるのですが、律法学者、ファリサイ派の人々としばしば論争されました。それはサドカイ派が祭司や貴族たちで構成されていたのに対し、律法学者やファリサイ派は一般の人々の生活の中に入り込んでいたからでしょう。そして彼ら自身主イエスに対立的でした。目が見えず、口が利けないという状況も、悪霊に取り憑かれた結果だと理解されています。主イエスは彼をいやされた、つまり彼から悪霊を追い出されました。人々はおどろき、「この人はダビデの子ではないだろうか」と言いました。「ダビデの子」とはダビデの子孫という意味であり、終わりの日に約束された王、メシアを意味しています。これはエゼキエル書三四章二三節、三七章二四節に基づいています。

ダビデ王朝は、南ユダ王国がバビロニアによって滅ぼされたことにより、消滅しました。捕囚としてバビロンへ連れて行かれたヨヤキンが王朝最後の王でした。七〇年の捕囚を終えて帰国した人々の中に、民のつかさとして任ぜられたゼルバベルというダビデの子孫がいました。しかし彼はいつの間にか姿を消します。人々の心には「ダビデの子」ということは、半ば忘れられたようになりました。東方の博士たちがエルサレムにヘロデを訪ね、ユダヤ人の王として生まれた方の居場所を尋ねた時、ヘロデによって呼び集められた祭司長たちや律法学者たちは、「それはベツレヘム。あのダビデが生まれたところ」とすぐ答えることができたのですが、誰も博士たちと一緒に行こうとした者はなかったのです。そう思うとこの人々も自分たちの不信仰を揺さぶられたのかもしれません。これに対してファリサイ派の人々は「悪霊のかしらベルゼブルの力によって悪霊を追い出しているのだ」と憎まれ口をたたくほかはありませんでした。

主イエスは「内輪争いをしては、国でも町でも家でも成り立たない。悪魔の国も同様」。そして彼ら自身の矛盾をつかれ、こう言われます、「わたしが神の霊で悪霊を追い出しているのであれば、神の国はあなたたちのところに来ているのだ」（マタイ一二章二八節）。ルカ一一章二〇節で「神の指で悪霊を追い出しているのであれば」とあるところを、マタイは「神の霊」と言い替えています。これほど明確に、主イエスのわざと聖霊とを結びつけたところは他にないように思います。そしてそれこそが神の国が来ていることのしるしだと言うのです。

私は改めて賀川豊彦先生のことを覚えずにはおられません。一九二五年頃から先生は伝道活動に力を注ぐようになられました。労働運動、農民運動、無産政党運動、それらはいずれも左翼的な暴力主義に傾き、先生は排除されました。協同組合運動だけが順調な歩みを遂げます。先生は混迷する社会の中にあって、人間の魂の救いこそ社会変革の基本であることを思いました。こうしてこの働きは一九二九年以降、神の国運動として展開されることとなりました。

先生はこう書いています。「日本の現状を見ると、絶望の声をあらゆる場所において耳にする。村に行けば村の嘆きを、工場に行けば工場の苦悶の声を聴き、漁村に行っても魚は取れない。町には町の呻きがあり、家庭には家庭の悲しみがあり、深い嘆きと、深い絶望の声が溢れている。が、我々の周囲には、恩寵に富みたもう神がいましたもう。その場の奥にいましたもう命の神が、絶望するな、お前にはもうひとつの道があると教えておられる。

絶望するな、神は我々が絶望する時に、希望を備えたもう。聖霊は日本国土をおおっている。我々の要求するのは実行である。物を言わぬ代わりに、善きサマリア人の親切である。従って、これからの神の国運動は、農村に、役場に、街に、工場に、我々が無言の十字架を背負って帰って行くことである。我々はこの愛の運動にもう一度帰らねばならぬ」（隅谷三喜男『賀川豊彦』岩波書店）。

賀川先生の神の国運動は三年半続き、多くの人々の心を揺すぶり動かしました。しかし教会は神の国が来ていることを見ようとはしなかったのです。

先生は「イエスの神の国を内在的とか、未来的とか別けて考えるのは愚かな次第で、進行的と考えればよいのである。進行的とは発展的と言うのでもなければ、進化的と言うのでもない」（『前掲書』）と言われています。別のところでは神の国を成長として捉えているところも見いだすことができます。そして三年半に及ぶ神の国運動は、明治以来最も成功した伝道活動でした。賀川先生は神の国が既にここに始まっているということを見ておられたのでした。しかし教会はこれを正当に評価せず、また次第に戦時色強まる中で、活動は妨げられることとなりました。

戦後賀川先生は再び伝道に心を打ち込まれます。先生は神の国は既にあなたがたのところに来ているのだと信じたのです。四国に伝道に来られて、高松で倒れられ、数ヵ月の静養の後東京に帰られ、間もなく亡くなられたのです。私はこの働きの中に既に神の国は来ているということを覚えずにはおられません。私たちはそれをどこに見るでしょうか。

私たちはそれを何か特別なところに捜す必要はないのです。あのことの中、このことの中に、神の国は既に始まっています。私たちがそれを見る目を与えられ、それをきく耳を与えられる時、それを見ることができます。そして神の国は成長して行きます。やがてそれは豊かな実りとなって、私たちの中に現れることとなるでしょう。神の国の成長の中で私たちも働かせていただこうではありませんか。

（一九九八年三月八日）

〈復活前第四主日礼拝〉

従う道

「わたしの後に従いたい者は、自分を捨て、自分の十字架を背負って、わたしに従いなさい。」

イザヤ書二八章一四～二二節
マルコによる福音書八章三一～三八節（三四節）

「藤尾さん、いったいこの町に、キリスト教信者は何人ぐらいいますか」「そうですな。仏教信者よりは多いでしょう」「えっ！　それはまたどうして。この町の者はほとんど仏教信者と違いますか」「しかし、私はキリスト・イエスのためなら死んでもよいという人を、この町で何人か知っていますが、仏さまのために死んでもよいという人に出会ったことがありません。ですから、ほんもののキリスト教信者はほんものの仏教信者より多いでしょう」「そう言われればそうですな」。

これは藤尾正人さんという独立伝道者の書かれたものの中にありました。藤尾さんのお父さんが若い頃、ある会合の席で、みんなの見ている前でのやり取りだそうです。多分質問者は、一握りしかいないキリスト教信者の数を言わせて、「へえ、たったそれだけですかい」と笑ってやろうと思ったのです。命がけの信仰というのを聞いて、一座は一瞬静まり返ったことでしょう。今、東所沢の人口はいくらぐらいでしょうか。おそらく一万は越えていると思いますが、その中でキリスト教信者は何人くらい、というと一寸恥ずかしいような気がします。藤尾さんは書いておられます、「そうです。キリスト教会は教会員が何人いるかということよりも、命がけの信者が何人いるかが大事なのです」。

そう言われてびっくりするのは私たちのほうです。「一寸待ってください。私は命がけで信仰するつもりはありませんし、キリスト・イエスのために死んでもよいと決心して洗礼を受けたわけではありません」と言うでしょう。

日本にプロテスタントの宣教師が来たのは一八五九年、安政六年でした。五月長崎に米国聖公会のリギンス、そして一〇月横浜に米国のヘボンが来ました。実際にはヘップバーンですが、日本ではヘボンで親しまれています。彼は伝道の志は持っていましたが、宣教師ではなく、優れた医者でした。伝道が許されぬまま、診療所を開き、たちまち名医として知られるようになりましたが、それも閉鎖を命じられました。その後は聖書翻訳のために日本語の研究に没頭、ヘボン式ローマ字はその副産物です。

ところで一八五九年、安政六年というと、明治元年より九年前。徳川幕府が立てた切支丹禁制の高札が撤去されたのは明治六年、それも欧米諸国からの厳重な抗議があって後です。明治政府はキリスト教についていては幕府の政策を踏襲しましたから、何人かの人が逮捕投獄、中には獄死した人もありました。このような時代には、宣教師は受洗志願者に対して、キリストのためにに死ぬ覚悟を問うたようです。また都会より田舎のほうが迫害が厳しかったでしょうから、よほどの覚悟を必要としたことでしょう。しかし今はそんなことを問う人はおそらくいないでしょう。しかし私はそれで太平楽を決めこんでいいのだろうかという思いがします。

主イエスの時代もまた、ユダヤ教的世界の中で、後にはローマ政府による迫害の中で、キリスト・イエスを信じることの困難な時代でした。主イエスはこのことについてどんな考えを持っておられたでしょうか。それを示しているのが、今日与えられているマルコ八章三一～三八節です。しかしここは八章二七～三〇節のペトロの信仰告白のところとつながっているので、そこから見ることにしましょう。

ことはフィリポ・カイサリアで起こりました。今回のイスラエル旅行ではそこまで足を伸ばすことができませんでしたが、そこは現在のイスラエル共和国の北のはずれ、シリアとの国境近く、主イエスの当時でもヘロデ王国の北のはずれでした。ヘロデの息子のひとりフィリポの領地でした。ここはヨルダン川の水源のひとつですが、前回行った時には清冽な水が岩の間からこんこんと湧き出ていました。フィリポはここに町を建て、ローマ皇帝の栄誉をたたえて、カイサリアと名づけましたが、父ヘロデの建てた地中海岸の都市カイサリアに遠慮して、フィリポ・カイサリアと呼びました。今はパン神をまつる神殿跡が残っているだけです。

なぜ主イエスはエルサレムから最も遠いこの地に、弟子たちを連れて行かれたのか。ユダヤ人の中に主イエスに対する反対は次第につのり、将来の苦難は予想され得るものとなりました。エルサレムに向かうに先立って、主イエスは二つのことを弟子たちに確かめたかったのです。ひとつは「わたしを何者だというか」ということでした。もうひとつはこの場所に関係しています。ラビたちの資料によれば、ここは聖なる地と異教の地との境でした。イスラエルを放棄して異教の地に逃れるか、それともエルサレムを目指して危険な旅に出立つべきか、それは主イエスにとっても、弟子たちにとっても、重大な岐路でした。

第一のことは「あなたは、キリストです」（新共同訳はメシア）というペトロの告白によって確かめられました。「イエスはキリストです」という言葉は、「イエスは主です」という言葉と共に、初代教会における信仰告白でした。私はキリスト教信仰とは、何よりもイエスはキリストであると信じる信仰であると理解しています。しかし弟子たちは、まだ主イエスがキリストであることの意味を理解していませんでした。彼らが理解していたのは、ユダヤ教的メシアでした。もし新共同訳が、ギリシア語ではキリストと書かれているところを、この意味でメシアと訳したのであれば、それはある意味で正しいのです。弟子たちは、今日私たちが信じているように、キリスト、十字架と復活のキリストを告白したのではなかったのです。

それはすぐ現れました。主イエスがこれから受けることになっている苦難、排斥、死、そして復活のことを話されると、ペトロは主を脇へ連れて行き、いさめ始めました。いや、少し言葉を飾り過ぎています。叱り始めたのです。何と言って叱ったのか。マタイ一六章二二節では「主よ、とんでもないことです。そんなことがあってはなりません」。「いや、そんなことが絶対にあなたに起こってはなりません」と言うべきでしょうか。

マタイはこのところの最初に、主が必ずエルサレムに行かねばならないことを言われた、と記しているのを思い合わせると、ペトロはただ主イエスの受難の予告を否定しただけでなく、危険なエルサレム行きそのものを否定したのです。そう理解して初めて、ペトロに対する激しい叱責の言葉、「サタン、引き下がれ。あなたは神のことを思わず、人間のことを思っている」（マルコ八章三三節）という言葉に、うなづくことができます。サタンは神の言葉に向かおうとすること、従おうとすることを邪魔し、引き止めようとするものです。このことは私たちにおいても同じです。私たちはこうしたサタンの企みに、あまりにも鈍く、不注意であり、たやすく身を任せてしまいます。そのほうが楽だからです。そして主が群衆を弟子たちと共に呼び寄せて言われたのが同三四節以下です。

その前に、私たちはこの時における主イエスのお心を理解しておかねばなりません。主イエスの今までの活動範囲は、ほとんどガリラヤに限られていました。殊にルカにおいては、主はガリラヤから一歩も出ておられません。ガリラヤは緑豊かな美しいところです。今回の旅行では草が茂り、麦がすくすくと伸び、花がその間に咲き乱れていました。しかし主はそののどかなガリラヤを後にして、一路エルサレムへ向かわれます。マルコ一〇章三二節には、第三回目の受難予告に先立ってこう記しています、「一行がエルサレムへ上って行く途中、イエスは先頭に立って進んで行かれた。それを見て、弟子たちは驚き、従う者たちは恐れた」。

こうして主は弟子たちに、そして一緒に来た群衆にも、決断を迫られるのです。「わたしの後に従いたい者は、自分を捨て、自分の十字架を背負って、わたしに従いなさい」(同八章三四節)。私は長い間この言葉を心に留めています。そして未だにそれがはっきりと心に落ち着き、うなずくに至っていないのです。私はいろいろの注解書や本を読んでみましたが、このところの解き明かしに成功しているものを見いだすことはできませんでした。

人は簡単に、死を覚悟して主に従うことである、などというのですが、そんなに簡単に死ぬ覚悟などできるわけはないし、たとえできたとしても、その覚悟が何ともあやしげなものであるかはペトロの場合にも見られるところです。主はゲッセマネの園へ行かれる前に、ペトロに言われました、「あなたは、今夜、鶏が二度鳴く前に、三度わたしのことを知らないと言う」(同一四章三〇節)。ペトロは断言します、「たとえ、御一緒に死なねばならなくなっても、あなたのことを知らないなどとは決して申しません」(同三一節)と。しかし、それから数時間も経たないうちに、この覚悟はもろくも崩れるのです。

私たちは今回の旅行で、このペトロの否認が起こったとされる大祭司官邸跡に建てられた鶏鳴教会、その地下の、まったくの穴底と言うべき牢獄の中で礼拝を守りました。真っ暗な闇の中で過ごされた主の心中もさることながら、心の闇の深さに泣きじゃくるペトロを思いました。この生涯最大の汚点とも言うべき出来事を、ペトロが語ったからこそ福音書にのっているのですが、それはペトロが立ち直ったからに外なりません。彼を立ち直らせたのは何であったか。私はルカ福音書によって、それは「あなたのために祈っているよ」という主のまなざしであったと理解しています。

主はここで二つのことを示されます。ひとつは「自分を捨て」です。主イエスがこう言われるのは、ご自分が捨てられる者であられたからです。マルコ八章三一節に「排斥されて」と訳されている言葉は、「捨てられ」です。私はそのほうが、「自分を捨て」という言葉との関連が明らかになると思います。私たちは、自己放棄とか、自己否定とか、軽々しく言いますが、それはできることではありません。私たちが自己を捨てようと努力すればするほど、自己にとらわれることになります。自分を捨てている自分を見たいし、自分を捨てている自分を認めてほしいからです。人は自分を捨て切れないから主イエスに従えないのだと言います。しかしそれでは堂々めぐりです。私は主イエスに従うことが、結局その鍵だと思います。もし捨てるものがあるとすれば、主イエスが捨てられたように、他から良く言われること、認められること、ほめられること、成功すること、いいかっこうをすることを捨てることだと思います。自分の正しさをも含めて。ボンヘッファーは言います、「自己否定とはキリストのみを知ることであり、もはや自分自身を知らないことである」(『主に従う』聖文舎)と。

もうひとつのことは、「自分の十字架を背負って」です。残念なことに、私たちはこれを宿命的な苦悩、あるいは不幸と理解してしまったのです。しかし、もし私たちがキリストに従うなら、こうした苦悩は喜びに、不幸は祝福に変えられます。私たちがそうした苦悩や不幸を自分の負わねばならぬ十字架だと思いこんでいる限り、そこから解き放されることはないのです。十字架を負うなどという言葉は、ユダヤ人は決して口にしません。木にかけられる者は呪われる（申命記二一章二二、二三節）、とあるからです。それを口にすることができるのは、主イエスが十字架にかかられたからです。従って十字架は何よりも主イエスの十字架です。主イエスに従って行く者には主イエスと共に負う十字架があります。

エルサレムのヴィア・ドロローサ、苦難の道、ピラトの裁きの場からゴルゴダまで主イエスが十字架を担って辿られた道。そこには一四のステーションがあります。その第五ステーションは、キレネ出身のシモンが無理矢理主の十字架を代わって負わせられたところです。彼はわが身の不運を呪ったことでしょう。しかしそれは祝福に変えられました。おそらくこの強いられた十字架のゆえに、彼は信仰を得たようです。主イエスの十字架の、私の受くべき分をいただくことは、やがて受くべき大きな恵みへの道なのです。

私はルカ福音書の平行記事、九章二三節「日々、自分の十字架を背負って、わたしに従いなさい」にこだわっています。多くの人は「自分の十字架を背負って」を殉教と理解したのですが、ルカはそれを日常のことにおいたのです。私たちはもはや、いつ出会うかわからない特別な機会のこととするわけにはいきません。私たちが負うべきものは、主イエスが負われたものとその本質において違いがあるでしょうか。そうだとすれば、「自分を捨て、自分の十字架を背負って従う」ということは、善も悪も、幸も不幸も、一切を主イエスに委ねて、主イエスに従うことを意味します。それが私たちの従う道なのです。

その背後には主イエスの愛があります。私たちが主イエスに従う時、それは私たちに一層主の愛を覚えさせます。いよいよ深まり行く愛は、いよいよ主に従うことを決意させます。主がどんなにか愛していてくださることがわかる時、私たちは主が私たちに委ねてくださる十字架を負うて従う道を歩みたいと願います。それは苦しい道であるかもしれませんが、恵みに満ちた喜ばしい歩みでもあります。これが私たちの従う道なのです。

（一九九九年三月七日）

〈復活前第三主日礼拝〉

主よ、いずこへ

列王記上一九章一～一二節

すると、「これはわたしの子、選ばれた者。これに聞け」と言う声が雲の中から聞こえた。

ルカによる福音書九章二八～三六節（三五節）

北イスラエル王国は、暗殺による王朝の交替がしきりでした。これは南ユダ王国では、ダビデ王朝が王国の滅亡まで続いたのと対照的です。紀元前八七六年、戦車隊長であったジムリは、王を殺して自分が王となります。しかし民は認めようとせず、軍司令官オムリを王としたので、ジムリは七日間王位にあっただけで自ら命を絶ちました。

オムリは聖書では悪い王と呼ばれていますが、力のある王でした。彼は王国の基礎を固めると共に、地中海岸の都市国家と同盟を結び、貿易によって繁栄をもたらしました。しかし息子アハブにシドンの王女イゼベルを王妃として迎えたことは、禍いの根となりました。アハブは通常の意味では優れた王でした。彼は北王国に政治的経済的安定をもたらしました。しかし彼は列王記の中では最悪の王とされています。それはイゼベルがフェニキアの神々の偶像礼拝を持ち込んだからです。アハブ自身はイスラエルの神を捨てたつもりはありませんが、偶像礼拝にも参加したのです。こうした偶像の神々は、繁栄と豊饒のシンボルでしたから、人々の欲望に答えるものでした。北イスラエルの人々は唯一の神への信仰を捨てて、偶像礼拝に走りました。こうして信仰も道徳も堕落してしまったのです。しかもイゼベルは、イスラエルの王にはあってはならない専制君主的なあり方を持ち込んだのです。

エリヤは、こうしたアハブとイゼベル、及びその支持を受けているバアルの預言者集団と死闘を演じます。このことは列王記上一八章に記されています。私はカルメル山上にその跡を訪ねました。そこには剣を振り上げて、「ひとりも逃してはならない」と叱咤する巨大なエリヤの像が立っています。私はエリヤの修道院の屋上からイズレエルの平原を眺め、細く蛇行するキション川を見て、ああ、あそこまでバアルの預言者たちを連れ下って殺したのだ、と妙に納得したのでした。

このことはアハブとイゼベルを激怒させました。エリヤはイゼベルの脅迫を聞いて逃げ出します。南ユダを越えて南方のベエル・シェバ、そこは荒れ野の入口です。更に荒れ野を一日の道のりを歩き続け、れだまの木（新共同訳は「えにしだの木」）の下に座して彼は言います、「主よ、もう十分です。わたしの命を取ってください」（同一九章四節）。しかし御使いは彼に焼いたパン菓子と水を与えたので、彼は四〇日四〇夜歩き続けて、神の山ホレブに着きました。ホレブとはモーセが十戒を授かったシナイ山のことです。そこには彼が隠れていたという洞窟があるとのことです。そこで彼は神の声を聞きます。それが今日読まれたところです。私はこのところに感動を覚えます。

「見よ、そのとき主が通り過ぎて行かれた。主の御前には非常に激しい風が起こり、山を裂き、岩を砕いた。しかし、風の中に主はおられなかった。風の後に地震が起こった。しかし、地震の中にも主はおられなかった。地震の後に火が起こった。しかし、火の中にも主はおられなかった。火の後に、静かにささやく声が聞こえた。それを聞くと、エリヤは外套で顔を覆い、出て来て、洞穴の入口に立った。そのとき、声はエリヤにこう告げた。『エリヤよ、ここで何をしているのか』」（同一一～一三節）と。そして「わたし一人だけが残り、彼らはこのわたしの命をも奪おうとねらっています」（同一四節）と訴えるエリヤに、主は「行け、あなたの来た道を引き返せ」（同一五節）と、なすべきことを示されると共に、「あなたはただ一人ではない。わたしはイスラエルに七千人を残している」と示されます。

それから八〇〇年以上を隔てて、エリヤは三人の弟子たちの前にモーセと共に姿を見せました。いわゆる変貌の山においてです。その山がどこかは二つの説があります。ひとつはヘルモン山です。マタイでもマルコでも、フィリポ・カイサリアでのペトロの信仰告白の直後、高い山に登られたとあるので、ヘルモン山は納得が行きます。もうひとつは、ナザレから南東一〇キロほどのところにあるタボル山です。海抜五八八メートルですから、とても高い山というわけには行きません。そしてルカでは、ペトロの信仰告白の場所はガリラヤ湖畔のベトサイダですから、タボル山なら可能性があります。ルカでは、祈るために山に登られた、とあるだけですから。

祈っているうちに主イエスの顔の様子は変わり、服は真っ白に輝き、モーセとエリヤがイエスと語り合っていた。その内容はエルサレムで遂げようとしている最後のことでした。用いられている言葉は「エクソドス」です。この言葉はギリシア語聖書の出エジプト記の表題ですから、脱出とも出発とも訳すことができます。そんなところから人生の最後、つまり死を意味するようになりました。岩波版聖書では、「エルサレムで成就することになるその旅立ちについて」と訳していました。

鈴木正久先生がなくなられる二〇日程前に、教会の方々に録音された言葉があります。その時は死ぬ時には苦しいのかな、という思いが残っていた。その中で弟分のような二人の人の夢を見た。戦死された人ですが、元気そうにニコニコして言う、「鈴木さん、そんなことは何でもないよ」と。このモーセとエリヤもそうだったのかなと思う反面、この二人は伝承では死んだのではなく、神に取られていなくなったと言われているのですし、私にはただエルサレムにおける死について語り合っていたのだとはどうしても思われないのです。すぐ前の主イエスの受難の予告でも、「人の子は必ず多くの苦しみを受け、長老、祭司長、律法学者たちから排斥されて殺され、三日目に復活することになっている」(ルカ九章二二節)と言われたのですから。

ペトロは口をさしはさみます、「先生、わたしたちがここにいるのは、すばらしいことです。仮小屋を三つ建てましょう。あなたとモーセとエリヤのために」(同三三節)。ある人はそこにフィリポ・カイサリアにおける時と同じように、サタンの影を見ようとします。確かにペトロは進み行かれる主イエスの足をここに引き止めようとしました。私はそのことを否定しませんが、弟子たちの恐れがそう言わせたのだと思います。何よりもこの栄光輝くすばらしい場面を、いつまでも止めておきたかったのです。

全ては雲に包まれ、「これに聞け」(同三五節)という声がした時には、もう主イエスだけしかおられませんでした。弟子たちの沈黙はその恐れの現れです。続く四三~四五節の第二回目の受難の予告に対しても、弟子たちは怖くてその言葉について尋ねられなかったといいます。従って翌日一同が山を下りる時、弟子たちは「主よ、いずこへ」とは問いませんでした。しかしペトロの心には深く止められた思いであったに違いありません。

私たちはペトロが、一度、主イエスに「主よ、どこへ行かれるのですか」と尋ねたことを知っています。ヨハネ一三章三六節です。弟子たちの目には、はっきりとしてではないにしても、終局へ向かって進んで行かれる主イエスの姿が映りました。さまざまな出来事や、折に触れて語られた主イエスの言葉が不安をそそります。ペトロはもう我慢できないかのように口を切ります。しかし、主イエスの言葉は「今はついてくることができない」(同三六節)でした。彼は詰め寄ります、「なぜですか。あなたのために命を捨てます」(同三七節)と。

私はペトロは本気だったと思います。いい加減なことを言ったのではないと信じたいと思います。私ははっきり申します。そう言い得ないところに人間の弱さがあるのではなく、そう言い得たところにこそ、ほんとうの人間の弱さは表れるのです。主イエスはペトロがそうできないことを御存じでした。「わたしのために命を捨てると言うのか。アーメン、アーメン、あなたに言う。あなたが三度わたしを知らないと言うまで、鶏は鳴かないだろう」（同三八節）。そしてそれは事実となり、ペトロにとっては痛恨のこととなったのです。後にペトロはガリラヤ湖畔で復活の主イエスにお出会いした時、「シモンよ、わたしを愛するか」と三度尋ねられた時、そして「主よ、そうです」と答えた時、あの三度主を否定した自分の罪の赦しを覚えたのです。そして彼は、両手を伸ばして、他の人に帯をされて引かれて行くという死に方で、神の栄光をあらわすようになることを知るのです。

さて主イエスは弟子たちの不安を取り除くために、御自分がどこへ行こうとしておられるかを明らかにされるのですが、弟子たちにはわからなかったのです。主は、御自分の行くところは父の御許である、あなたがたのために場所を用意するために行き、そして再び迎えに来ると言われます。「わたしのいる所に、あなたがたもいることになる」（同一四章三節）と。トマスは尋ねます、「主よ、どこへ行かれるのか、わたしたちにはわかりません」（同五節）と。

それでは主イエスはどこへ行かれるつもりだったのでしょうか。ただ十字架を目指してでなかったことは確かです。私はそれを十字架を通って父の御許へ、御国の栄光へと言いたいのです。これこそが山上の変貌が示していたところです。そしてそれを主イエスは弟子たちに約束されるのです。私はルカ一二章三二節、「小さな群れよ、恐れるな。あなたがたの父は喜んで神の国をくださる」という主イエスの約束の言葉を固く信じます。

「主よ、いずこへ」という題を見て、多くの方はシェンキェビィチの名作、『クオ・ヴァディス』を思い浮かべられることでしょう　事実何人かの人は、私に「クオ・ヴァディスですね」と言われました。私はもう一度読み返してみました。

紀元六四年のローマの大火が偶然のものだったのか、ネロ皇帝が詩を作るために火をつけたのか、わかっていません。しかし彼の日頃の暴虐な振舞や、燃え盛る火を見ながら自作の詩を吟じているのを見られたことも手伝って、民衆から「放火犯人」と罵られたのに驚いて、キリスト教徒のせいにしたというのはほんとうのようです。ネロの計略は図に当たり、彼は迫害にのめり込んで行きます。ペトロはその中でキリストの愛を説き、人々を慰め励まし、洗礼を授けていましたが、人々のたっての勧めにローマを後にします。これから後はもう、シェンキェビィチの筆に従って拾い読みするほかはありません。

次の日の夜明け、カンパニア平原に向かってアピアン街道を南下する二人、ペトロと従者ナザリウス。明け行く空の中に不思議な光が近づいてくるのがペトロに見えた。立ち止まって前方をじっと見つめるペトロに、「先生、何を見ているのですか」とナザリウスが問う。その時、ペトロの手から杖がはたと地に落ち、喜びを顔一杯に、両手を前に広げてひざまずき、叫びました。「おお、主よ、キリストよ」。彼は誰かの足に口づけするかのように頭を地につけた。長い沈黙。ペトロはむせびながら言う、「クオ・ヴァディス・ドミネ（主よ、いずこへ）」。光の中の声は言った、「あなたが私の民を見捨てるなら、私はローマへ行ってもう一度十字架にかかろう」。ペトロは身動きもせず、一語も発せず、地に伏したままであった。やがてペトロは立ち上がり、震える手で杖を取り上げ、一言も言わずに出てきたばかりの都のほうへ向き直った。ナザリウスは驚いて言う、「クオ・ヴァディス・ドミネ」。ペトロは小声で、しかし決然と言った、「ローマへ」。

ペトロはローマへ帰って、さも嬉しげに「主にお会いした」と言うばかりだった。そして熱心に伝道を始めた。その中で彼は悟った、皇帝も全軍団も生ける真理には打ち勝ち得ないこと、今こそその真理の勝利が始まっていることを。また主がなぜ自分を引き戻されたかを悟った。やがてペトロは捕らえられた。十字架へ向かって引かれて行く彼の姿は、王者のように威厳に満ちていた。彼は喜びに満ちて目を天に向けて祈った、「主よ、私は今御許へまいります。あなたは福音をもってこの都を征服せよと命じられました。今、私は自分の死をもってそれをなし遂げます。私は他人に帯せられて引かれてきました。今こそ私は手を伸ばします。主よ、栄光をあらわしてください」。

私はシェンキェビィチも知っていたのだと思います。主は決して十字架の上で終わられたのではない、十字架を通って父の御許へ、更に御国の栄光へ行かれたのであることを。従ってペトロもただ十字架につくためにローマへ戻ったのではなく、それを通って父の御許へ、御国の栄光へ向かうのであることを知っていたのです。「主よ、いずこへ」。私たちは主がどこへ行かれるのか、私たちをどこへ導かれるのかを知りません。しかし雲の中からの声が響きます、「これはわたしの子、選ばれた者。これに聞け」(ルカ九章三五節)。この方が道なのです。真理なのです。命なのです。この方によって私たちも父の御許へ、御国の栄光へ導かれます。

(一九九八年三月二二日)

〈復活前第二主日礼拝〉

捨てた石はどうなったか

イザヤ書四一章八〜一三節
家を建てる者の捨てた石、これが隅の親石となった。
マルコによる福音書一二章一〜一二節（一〇節）

「ぶどう園と農夫のたとえ」、普通には「ぶどう園の悪い農夫のたとえ」と呼ばれるこのたとえ話は、読者の間ではあまり評判が良くありません。ひとつにはあまりにもどぎつ過ぎるからでしょう。描写もそうですが、いかにもあらわな攻撃ですから。悪いとは言え、小作人に過ぎない彼らにもう少し同情的であってもいいのではないか、と。それにマルコ一二章一二節の「当てつけて」という言葉も引っかかります。主イエスともあろう方が、こんな当てつけがましいことを言われるのだろうか、と。それである人は、初代教会の創作ではと言っています。

しかし私は、このたとえはこの時期に主イエスによって語られねばならなかったし、事実語られたであろうと考えています。理由は二つあります。ひとつはこのたとえが、同一一章二七〜三三節の権威についての問答に続いていることです。主が神殿の境内を歩いておられると、祭司長、律法学者、長老たちが、「何の権威で、このようなことをしているのか。だれが、そうする権威を与えたのか」(同二八節)と問いました。主は「ヨハネの洗礼は天からのものか、人からのものか、答えなさい」(同三〇節)と問い返されます。彼らは天からとも人からとも答えられず、「分からない」(同三三節)と答えます。主は「それなら、何の権威でこのようなことをするのか、わたしも言うまい」(同三節)と言い、そしてこのたとえを話されたのです。これは彼らの権威の実体を示すと共に、人はひとたび権威を手にすると、それを失わないために、考えられる全てを行うことを示しています。

もうひとつは、マルコにもマタイにもありませんが、ルカ一九章四一節にある、エルサレムのために泣きたもう主イエスです。エルサレムが、この日に、平和への道をわきまえなかったことを嘆き、「やがて時が来れば、敵に取り囲まれ、お前の子らは地にたたきつけられ、お前の中の石は残らず崩れてしまうだろう。神の訪れの時をわきまえなかったからだ」と言われたのです。主はそのことを彼らに知らせねばなりませんでした。主は、エルサレムで権威を持っている人々の敵意は高まり、御自分の死は迫っていることを知っておられたからです。

たとえは、イザヤ書五章一~八節にヒントを得て始められます。それは秋の収穫祭、仮庵祭の時でした。この祭りは民族の選び、神殿の選び、王国の選びを想起する祭りでしたが、人々は厳しい労働の季節が過ぎ、ぶどうの収穫に酔っていました。イザヤは神殿の一角に立ち、歌ったのがこれでした。

わたしの愛する者は、肥沃な丘に
ぶどう畑を持っていた。
よく耕して石を除き、良いぶどうを植えた。
その真ん中に見張りの塔を立て、酒ぶねを掘り
良いぶどうが実るのを待った。
しかし、実ったのは酸っぱいぶどうであった。(同一、二節)

イスラエル民族はしばしばぶどう畑にたとえられました。そしてここでは農夫は神です。肥沃な畑に万全の準備をし、良い樹を植え、良い実がなるのを待ったのに、実ったのは酸っぱいぶどうだった。神はこのぶどう畑をどうなさるか。イザヤは厳しい裁きを預言します。主イエスはイザヤの言葉をそのままに用いられましたが、この場合、ぶどう園の持ち主が神であり、農夫たちにはユダヤの指導者たちが当てられているようです。当時外国に住む地主が、ユダヤにある土地を農夫たちに貸して、収穫物の中から自分の分、つまり小作料を受け取るというやり方は、一般的なものだったようです。事態は意外な展開を示します。収穫の時期になり、主人は自分の収穫物を受け取るために僕を遣わすのですが、農夫たちは僕を袋だたきにして追い返しました。次の僕も同様でした。三人目は殺されました。更に僕たちが送られましたが、いずれも殴られたり、殺されたりしました。つまり農夫たちは主人の権威を認めず、それをわがものにしようとしたのです。

こんなことが起こり得るのか。実は主イエスは、こういう形でイスラエル民族の歴史を語られたのです。神はぶどう園、すなわちイスラエル民族の管理を彼らにゆだねられたのに、彼らはそれを自分勝手に扱い、僕たち、つまり預言者たちを侮辱したり、迫害したり、殺したりしたのです。私たちはそこに、使徒七章に記されるステファノの説教と同じ線を見ます。彼の説教は主の言葉よりもっと長いものでしたが、七章五二節にこう言っています。「いったい、あなたがたの先祖が迫害しなかった預言者が、一人でもいたでしょうか。彼らは、正しい方が来られることを預言した人々を殺しました。そして今や、あなたがたがその方を裏切る者、殺す者となった」。そしてこの言葉がステファノに死をもたらしました。

旧約聖書は歴史です。イスラエル民族の歴史ですが、また人類の歴史でもあります。しかしただの歴史ではなく、神の救いの歴史です。同時にそれは人間の罪の歴史でもあります。

主人にはまだ一人いました。愛する息子です。彼は考えます。「わたしの息子なら敬ってくれるだろう」と。そして息子を遣わします。私たちは奇妙な感じにとらえられます。この主人は、最初の僕が袋だたきにされた時に、あるいは僕の一人が殺された時に、なぜ断固とした処置を取らなかつたのでしょうか。最後に息子を送った時、ほんとうに息子なら敬ってくれるだろうと思っていたのでしょうか。それは極めて甘い判断、いや、間違った判断だったのではないでしょうか。「これは跡取り息子だ。殺してしまえば、相続財産は我々のものになる」という農夫たちの判断の方が、はるかに論理的で現実的なのではないでしょうか。もっと早く処置がなされていれば、こんな悲劇は起こらなかったのではないでしょうか。

私はこれは、神が忍耐深い方であることを示していると思います。歴史は人間の罪の歴史であると共に、神の忍耐の歴史でもありました。それは私たちにとっても同じです。もし、先ほどのように問うなら、私たちは自分についてもこう問わねばなりません。私があの人に対してあんなひどいことを言う前に、神はなぜ私の口を閉じてしまわれなかったのか。私があのことをする前に、神はなぜ私の手を切り落としてしまわれなかったのか、と。

私はここで言っておかねばなりません。このたとえ話は、主イエスが当時の指導者たちに当てて語られたものであるだけでなく、正に私たちはこのたとえ話の真ん中にいるのです。つまり当時の指導者たちがたとえ話に登場する農夫の役割を演じているだけでなく、私たちもまたそこにいるのです。

さて、農夫たちは一人息子などに来てもらいたくありませんでした。彼らが最初から願っていたことは、委ねられたぶどう園を、そこから上がる利益を、思いのままにすることでした。私が先に、ひとたび権威を得たものは、何としてでもそれを守ろうとする、守るためにはどんなことでもする、と言ったのはそのことです。私たちも同じです。この世界は本来神のものです。神のものでないものは何もありません。従って私たちは神の意図に従ってこれを用い、管理しなければなりません。しかし、私たちは自分の思いどおりにしたいのです。すべてを自分の占有物にしたいのです。神やキリストなど邪魔なのです。これが今までの人間の歩み、私たちの歩み、そして現代世界そのものではないでしょうか。

二〇世紀は間もなく終わろうとしています。ある詩人は、この二〇世紀を「殺人の世紀」と呼びました。私は推理小説を読みながら時々、こんなに人が死んで、いや、人を殺してよいものだろうか、と思いますが、これはフィクションです。しかし、現実にはその何倍、いや、何百倍もの殺人が行われています。毎日、毎日、新聞が人の死を報じない日はありません。二〇世紀の初頭、第一次世界大戦が起こって以来、こんなにも巨大な投資が殺人兵器を造り出すために、絶えず新しくなされたことはありません。こんなに多くの民族間の憎しみが、増幅され、拡大されたことはありません。国内に目を向けても同じです。私にはこれほどまでに、人間の自由と権利と尊さと命とが、損なわれている時代はないように思います。そして私たちもこうした状態を作り出すことに、なにがしか手を貸しているのです。それがこの二〇世紀で終わるなら幸せですが、二一世紀がどうなるかはだれにもわかりません。

そして、彼らは息子を捕らえて殺し、ぶどう園の外へ放り出してしまいました。それは今もなされていることです。人は自分の権威を主張したいのです。すべてを自分の思いどおりにしたいのです。従って、ほんとうは神に帰すべきものを自分に奪い取り、自分が王となるのです。これが息子を殺して外へ放り出すことに外なりません。

主人はどうするだろうか。戻ってきて農夫たちを殺し、ぶどう園をほかの人に与えるだろう。ほかの人とは誰のことか。ある人は異邦人と解しました。そうであれば、紀元七〇年のローマ軍によるエルサレム陥落、神殿崩壊を意味することになるでしょう。しかしそれは、マタイ二一章四三節を、「ふさわしい実を結ぶ異邦人」と訳したからです。しかしそこには「ひとつの民」（岩波版聖書）とあるだけです。そこで新しい神の民、つまりキリスト者と解する人もあります。私たちは自画自賛するわけにはいきません。イスラエルを頼みとされなかった神は、キリスト者も頼みとされないかもしれません。その時神は、新しい神の民を選ばれるでしょう。

さて、主イエスはこれらのことを知りつつ、なお進み行かれます。捕らえられて殺され、外へ放り出されるために。なぜか。こうして主は詩編一一八編二二、二三節を引用なさいます。これはルターの特愛の詩編でした。ルターはこう言います、「これは私の愛する詩である。なぜならこの詩は実にしばしば私を支え、幾多の大きな患難から私を助けてくれたからだ。皇帝も、王も、知者も、賢者も、助け得なかったであろう時に」と。残念ながら私たちには、これをゆっくり味わう余裕がありません。偶然にもこの詩は仮庵祭の時に、神殿の門の前、及び神殿の中で歌われ、祭壇を巡って踊る踊りにおいて最高潮に達したようです。会衆、詠唱者、祭司、改宗者によって交互に歌われたと思われます。引用の二二、二三節は、門の前で門を開けてくれるように頼む礼拝者、答える門衛、救われた礼拝者の賛美に続いて、会衆の告白です。

仮庵祭というと思い出すのは、捕囚から帰国したユダヤ人たちが、紀元前四四五年エズラ、ネヘミヤの指導のもとにエルサレムの城壁の修復を完成し、仮庵祭を祝ったことです。ネヘミヤ記八章一七節には、「ヌンの子ヨシュアの時代からこの日まで、イスラエルの人々がこのような祝いを行ったことはなかった。それは、まことに大きな喜びの祝いであった」と記されています。この時にこの詩編ができたとは確定できませんが、もしそうだとすれば、詩の中にある受けた苦難への言及も理解できます。城壁の修理の間中、敵対する人々はあざ笑って言いました、「灰の山から焼け石を拾い出して、生かして使おうとでも言うのか。できたとしても、そんな石垣など、狐が登るだけで崩れてしまうだろう」（同三章三四、三五節）と。

家を建てる者の捨てた石　これが隅の親石となった。
これは、主がなさったことで　わたしたちの目には不思議に見える。
（マルコ福音書一二章一〇、一一節〈詩編一一八編二二、三節〉）

隅の親石と訳された言葉は、原文では隅の頭（かしら）です。これには二つの意味があります。ひとつは玄関入口のアーチ状になった石組の真ん中の石、これによってアーチ全体が支えられ、保たれています。もうひとつは建築物の土台、その角になったところの石。この石は垂直と水平と二方向の力を支えます。いずれにしてもこうした重要な石は特に入念に選ばれます。建築者がこれは役に立たないと捨てた石が、隅のかしら石となった。これは主がなさったことだ。ラビたちの伝統では、この言葉をダビデ・メシアと理解し、キリスト教会はこれをキリストとして語りました。

主はしばしば言われたように、人々に捨てられることを知っておられ、同時に、人に捨てられることこそ、隅のかしら石とされることだと知っておられました。人々には不思議と見えても、それが神のなさることです。祭司長、律法学者、長老たちは自分たちのことを言っておられるのだと気づきましたが、どうすることもできず、群衆を避け、主イエスを自由に取り扱うためには、イスカリオテのユダがあらわれるのを待たねばなりませんでした。

さて、捨てた石はどうなったか。第一に、この石は神の国の門の礎となりました。神の国の門は開かれ、そして招かれているのです。第二に、この石は教会、エクレシアの隅のかしら石となりました。教会のかしら石はイエス・キリスト以外にないのです。そして私たちもこの石の上に霊の家として建てられて行くこととなります。第三になによりもこの石は救いの隅のかしら石となります。ペトロは最高法院の真ん中で証言します。使徒四章一一節は詩編一一八編二二節を引用して言います、「ほかのだれによっても、救いは得られません。わたしたちが救われるべき名は、天下にこの名のほか、人間には与えられていないのです」（使徒四章一二節）。私たちはⅠペトロ二章四～五節が言うように、「主は、人々からは見捨てられたのですが、神にとっては選ばれた、尊い、生きた石なのです。あなたがた自身も生きた石として用いられ、霊的な家に造り上げられるよう」にしようではありませんか。捨てられた石こそ、命を与える石なのです。

（一九九九年三月二一日）

〈復活前第一主日（棕梠の主日）礼拝〉

神の訪れの時

ゼカリヤ書一四章一～九節

「もしこの日に、お前も平和への道をわきまえていたなら……。しかし今は、それがお前には見えない。」

ルカによる福音書一九章二八～四四節（四二節）

私は今度の「シナイとイスラエルの旅」で、無理をお願いしました。それは私たちの経路が主が辿られたとおり、東からオリーブ山を登りエルサレムに入るというものだったので、ベタニアを通り、主の涙の教会を見たいということでした。二つの理由があります。ひとつは今日の聖書の箇所にあるように、主はベタニアからベトファゲを通ってオリーブ山頂に立たれたのですが、そこからはエルサレムは見えなかったのだろうかということです。ベタニアは山頂からかなり東に下りたところですが、ベトファゲは山頂からほんの少し東へはずれたところです。そこを出たら、すぐエルサレムが遠望できるのではないか、ルカはこの辺の地理に詳しくなかったのではないか、確かめたかったのです。

ルカは、主が山の下り坂にさしかかられた時、弟子たちの群れが声高らかに神を賛美し、それを聞いたファリサイ派の人々が「お弟子たちを叱ってください」（ルカ一九章三九節）と言うと、主は「この人たちが黙れば、石が叫び出す」（同四〇節）と言われたことを記し、その後で「エルサレムに近づき、都が見えたとき」（同四一節）とあります。ほかの福音書では、主イエスは人々の歓呼の声の中をエルサレムに入られたとなっていますが、ルカはエルサレムを見て涙を流される主のお姿をさしはさむのです。しかし、ルカは正しかったようです。道は湾曲し、現在主の涙の教会のあるところの少し上に来て、エルサレムは姿を見せます。後は一路下り坂となります。エルサレムが見えたということは、主イエスの一行が、神殿の守衛たちとアントニア塔のローマ駐留軍兵士の視野にも入ったことを意味しています。

もうひとつの理由は主の涙の教会へ行きたかったのです。一九五四年に建てられたフランチェスコ会の教会ですが、屋根は涙をかたどったものと言われています。祭壇正面はガラス窓になっていて、そこから眺めるエルサレムが一番美しいと言われ、それを見たかったのです。無理な注文とは時間のことです。案の定、主の涙の教会は夕方のミサが始まっていて、中に入ることができなかった上、次に行く筈のゲッセマネの園の教会も閉門時間が迫っているので、オリーブ山からエルサレムをゆっくり展望する時間がなく、急な坂道を急いで下りる始末でした。多くの方々には申し訳なかったのですが、私自身は主もまたこの坂道をキドロンの谷へ向かって下りて行かれたのかと、慕わしい思いでした。

さて、ルカ一九章二八～三六節はよく耳にしている物語です。主は弟子たちに子ろばを引いて来させ、それにお乗りになったというところです。しかしここには、木の葉を打ち振ったことも、小枝を道に敷いたことも、書かれていません。なつめやしの葉を打ち振ったことはヨハネ福音書にしか出てきません。山頂から下りにさしかかると、人々の思いは最高潮に達しました。喜びに沸き立つ人々の賛美の声に、ルカは主の降誕の時、羊飼いたちの上に響いた天の大軍の声を反映させせました。

主の名によってこられた方、王に、
祝福があるように。
天には平和、
いと高きところには栄光。（同三八節）

人々はゼカリヤの預言を思い起こしていたのではないでしょうか。

その日、主は御足をもって
エルサレムの東にあるオリーブ山の上に立たれる。（ゼカリヤ書一四章四節）

人々はまさにこの時、メシアを迎えたと思ったのです。しかし人々はやがて、十字架にかかられる主に幻滅することになります。しかし主は彼らをお止めになりませんでした。なぜならこれは再臨の予表だったからです。ルカは使徒言行録において、オリーブ山から天に昇られる主イエスを描き、天を見上げて立ちつくす弟子たちに告げる天使の言葉を記します、「あなたがたから離れて天に上げられたイエスは、天に行かれるのをあなたがたが見たのと同じ有様で、またおいでになる」（使徒一章一一節）と。ゼカリヤ書は極めて黙示文学的表現の多い文書です。彼は終りの日のメシア来臨を描いたのでしょう。そしてオリーブ山こそキリスト再臨の場所であると信じられています。ガイドの柿内ルツさんはオリーブ山上でこのゼカリヤ書一四章四節を読みました。「オリーブ山は東と西に半分に裂け、非常に大きな谷ができる。山の半分は北に退き、半分は南に退く」。私の体をひとつの戦慄が走りました。

群衆の中にいたファリサイ派の人々が主イエスに言います、「先生、お弟子たちを叱ってください」。先ほども言ったように、一行はアントニア塔のローマ駐留軍兵士の視界に入っていました。誰かをメシアとして担ぎあげることは危険なことでした。ファリサイ派の人々はそれを恐れたのです。しかし主は拒否されました。ということは人々の賛美を承認されたことを意味します。それにしても「もしこの人たちが黙れば、石が叫び出す」（ルカ一九章四〇節）とはどういう意味でしょうか。黙らせることはできないということでしょうか。

オリーブ山からゲッセマネの園の教会を訪れ、更に夕暮れ迫る嘆きの壁に行った時、ガイドは言いました、「壁の石に耳を当てて、そこに込められた声を聞いてください」と。二〇〇〇年にもわたって壁に向かって祈り続けた人々の祈りがそこには込められている。同じようにこの人々の声は石に込められているのでしょうか。私はこう思っています。主は次の段落でエルサレムの運命についての預言をなさいます。「お前とそこにいるお前の子らを地にたたきつけ、お前の中の石を残らず崩してしまうだろう」（ルカ一九章四四節）と。そのことからすると、この人たちが沈黙させられたら、エルサレムの廃墟の石が主イエスがメシアであることを証言するだろう、という意味になるでしょう。私にはエルサレム中の石が叫んでいるように思えました。

エルサレムを望み見ての主イエスの目に涙が光ります。主イエスはエルサレムを愛しておられました。エルサレムを愛するとは、そこに住む人々を愛することを含んでいます。ルカはもうひとつ主のエルサレムについての嘆きを伝えています。一三章三四～三六節、「エルサレム、エルサレム、預言者たちを殺し、自分に遣わされた人々を石で打ち殺す者よ。めん鳥が雛を羽の下に集めるように、わたしはお前の子らを何度集めようとしたことか。だが、お前たちは応じようとしなかった。見よ、お前たちの家は見捨てられる。言っておくが、お前たちは、『主の名によって来られる方に、祝福があるように』と言う時が来るまで、決してわたしを見ることがない」と。人々が声高らかに「主の名によって来られる方、王に、祝福があるように」と言うのを聞いて、主はもう一度あの時のことを思い出されたに違いありません。

パウロもまた、滅びに落ち行く人々のことを思って涙しました。フィリピ三章一八、一九節にこう書いています。「何度も言ってきたし、今また涙ながらに言いますが、キリストの十字架に敵対して歩んでいる者が多いのです。彼らの行き着くところは滅びです。彼らは腹を神とし、恥ずべきものを誇りとし、この世のことしか考えていません」。滅びに落ち行く人々のためだけでなく、彼はエフェソの長老たちへの別れの言葉の中でこう言っています。「だから、わたしが三年間、あなたがた一人一人に夜も昼も涙を流して教えてきたことを思い起こして、目を覚ましていなさい」（使徒二〇章三一節）。「涙なしに伝道はできない」とある人が言いました。私は今そのことを再確認しています。

主イエスの言葉はこうでした。「もしこの日に、お前も平和への道をわきまえていたなら……」（ルカ一九章四二節）。この日とはどの日？　これはルカの言い方です。私たちはこの日がいつなのかを知りません。ですからこの日は突然やって来ます。明日に、明後日に、延ばすわけにはいきません。従って私たちにとってこの日は今日、この時です。平和への道とは一体なんなのか。この平和は、後に戦争のことが出て来るので、そういう意味での平和と解されやすいのですが、そうではありません。神との正しい関係、それが回復されることへの道です。なぜ見えないのか。私は知っている、私は正しい、その傲慢な思いが私たちを見えなくします。

同四四節の言葉は、過去にあった悲惨への想起であると共に、これから起こるであろうことへの預言です。そしてこの見通しは紀元七〇年、ローマ軍の攻撃によって実現しました。そして主はこう言葉を結ばれます、「それは、神の訪れてくださる時をわきまえなかったからである」。そうすると、平和への道、神との交わりの回復への道をわきまえることは、神の訪れてくださる時をわきまえることと同じことになります。言葉を補って言えば、神との交わりの回復のために、神自ら私たちのところを訪れてくださるのです。

私たちはルカ一九章の冒頭に、あの有名なザアカイの物語を読みます。金持ちであったが、徴税人の頭であったために、人々から疎外されていたザアカイ。いちじくの木に登って主イエスを見ようとしたザアカイ。彼に主イエスが「今日は、ぜひあなたの家に泊まりたい」と言われた時、彼の心の淋しさは消え、孤独はいやされ、恨みも罪の思いも取り去られ、どんなにか嬉しかったことでしょう。私たちはそこに、ザアカイのような人にも注がれる主の愛を見ます。ところで「今日はぜひあなたの家に泊まりたい」というのは、決して主イエスの思いつきではありませんでした。この言葉は「今日、わたしはあなたの家に泊まることになっている」、あるいは「今日、わたしはあなたの家に泊まらなければならない」とすべきで、これが神の意志であることを示しています。それはヨハネ四章四節にある「サマリアを通らねばならなかった」という言葉に通じ、主イエスにとって神の御心をなすことがすべてでした。

ザアカイは喜び、主イエスを迎えますが、彼は気づきます。人は私を見捨てても、社会が私を見捨てても、神は私をお見捨てにならない、私のために主イエスを遣わし、「あなたは見捨てられてはいない、あなたは配慮されている」と告げておられる。そう知った時、彼は神に対して応答します。それが「主よ、わたしは財産の半分を貧しい人々に施します。また、だれかから何かだまし取っていたら、それを四倍にして返します」（ルカ一九章八節）という言葉です。彼は徴税人をやめたわけではありませんから、依然として人からも社会からも疎外し続けられたことでしょうが、神との関係は回復されました。それで主は言われます、「今日、救いがこの家を訪れた」（同九節）。この訪れは、同四四節の訪れとは違う言葉ですが、新共同訳の訳者は、訪れと言いたかったのでしょう。私もそれに同意します。そして主は「人の子は、失われたものを捜し出して救うために来たのである」（同一〇節）と言われました。ルカは、失われたものを捜し尋ね、訪れる方として神を捉え、その方から遣わされた主イエスを描こうとしているように思います。

私たちは今日から受難週に入り、この週の間、主イエスに目を注ぎますが、もう一人私の心にあるのはイスカリオテのユダです。人は彼を極悪人のように言いますが、そうではありません。彼は、主が自分が望んだような人になることを願っただけです。自分の足で立ち、一切を自分で処理してしまうことが彼の姿勢でした。ユダは自分を主イエスに明け渡そうとしなかったので、逆に自分のほうから主イエスを人の手に明け渡したのです。そして私たちもユダと同一線上に立っています。ユダが捨てられるなら、私たちも捨てられるでしょう。

ところでユダは、最後の最後まで、主イエスによって呼びかけられました。最後の晩餐の席上で、パン一切れを取ってユダに与えられた時も、主はユダの立ち返りを願っておられました。しかしユダはそれを振り切って外の闇に出て行きました。ゲッセマネの園にユダが人々と共に姿を現した時、主は彼に「友よ」と呼びかけられました。皮肉ではありません。最後の呼びかけだったのです。主の十字架上の祈り、「父よ、彼らをお赦しください。彼らは自分が何をしているのかわからないでいるのですから」（同二三章三四節）という祈りの中に、ユダも含まれていない筈がありません。そしてユダと同一線上にいる私たちも含まれているのです。

私はもう一度、神の訪れの時とは何かを明確にしておきたい。神の訪れは、神との交わりの回復は、私がそれにふさわしい人間にならなければあり得ないと思っています。そうではありません。神は主を通して訪れてくださったのです。神は主を通して、私はあなたを見捨てない、あなたを愛している、あなたのために配慮していると告げられるのです。私たちはこれを受け入れる以外に何ができるでしょうか。

最後に罪の問題が残ります。私たちは罪は償わねばならぬと思っています。しかし償い切れない時、深い罪の意識が残ります。罪の意識が残っている限り、神との交わりは阻害されます。それを取り去ることは人にはできません。自分で取り去ろうとすれば一層苦しむばかりです。できるのはただ神だけです。神は言われます、「償うのは私だ」と。なぜなら償いは私たちの期待や願いに基づくものではなく、神ご自身に基づいているからです。それはすべての人のために一回限りなされました。人の側では無償ですが、神の側では主イエスという最高の値が支払われました。そして「あなたの罪は赦されている」と宣言されているのです。それがこの一週間のできごとです。それが神の訪れの時です。

（一九九九年三月二八日）

〈復活祭礼拝（復活節第一主日礼拝）〉

甦りの主

ダニエル書一二章一～四節

「なぜ、生きておられる方を死者の中に捜すのか。あの方は、ここにはおられない。復活なさったのだ。」

ルカによる福音書二四章一～一二節（五、六節）

大天使長ミカエルは私たちにはあまり馴染みがありません。しかし、西欧の人々にとっては、大いなる守護天使として知られています。ミカエルは神の意志を受けて、悪魔とその軍勢と戦う正義を司《つかさど》る大天使と呼ばれています。紀元八世紀から一三世紀にわたる中世ヨーロッパの歴史の中に、激しい戦闘をミカエルの守護のもとに切り抜けた物語がいくつかありますが、私たちには縁遠いことです。

ミカエルは新約聖書の中には二度出てきます。ひとつは黙示録一二章七節で、彼が悪魔の象徴である竜と戦ったことを記しています。人々はこのことのゆえに彼を守護天使として仰ぎました。もうひとつはユダの手紙九節です。そこに記されているのは、旧約聖書外典『モーセの昇天』の中に記されているものです。申命記三四章には、約束の地カナンを目前にして、モアブの地でモーセが死んだことを記していますが、彼は葬られたが、誰も場所を知らない、とあるところから、このような伝説が生まれたのでしょう。

『モーセの昇天』の記述によれば、ミカエルは神から埋葬を命じられたが、悪魔は、かつてエジプト人を殺したモーセは人殺しだから、その遺体は私のものだと主張しました。ミカエルはあらゆる侮辱に耐え、裁きを神の御手に委ね、神の介入を待って初めて自分の手でモーセを葬ったとされています。こんなことからミカエルは死者を天国に導く役割を果たす天使、死者の守護天使とされました。しかし、中世以降、ミカエルと悪魔との争いは、人間の魂の内面の葛藤を表すものと理解されてきました。今日拝読されたダニエル書の言葉は、こうした伝説の背景になっているものと思われます。

ユダヤ教の伝承によれば、紀元前二世紀、シリヤ王アンテイオコス四世エピファネスによるユダヤ人迫害の中で、遂にマッタティア・マカベウスが乱を起こし、彼の死後、息子ユダスが引き継いだ時、ミカエルは自ら天の軍勢を率いてシリア軍と戦い、ユダスの率いるユダヤ人に大勝利をもたらしたとされています。そしてダニエル書自体がこの頃に書かれたものです。ユダスによるエルサレム入城と神殿の潔めは紀元前一六五〜一六四年のことであり、アンティオコス四世の死は紀元前一六二年のことですが、ダニエル書はその直前に書かれたと考えられています。

ところで、旧約聖書には復活信仰はないと言われますが、このダニエル一二章一〜四節は、旧約聖書に復活が登場する最初のところです。終わりの日、死者はすべて甦り、神の裁きの座の前に立ち、ある者は永遠の命に入り、ある者は永久の滅びに陥れられると言うのです。こうして死者の復活は黙示文学の中心的主題となりました。しかし私たちは、福音書や使徒言行録の中で、ユダヤ人のすべてが復活信仰を持っていたのではないことを知らされています。ファリサイ派は復活を信じていましたが、サドカイ派は復活を信じませんでした。もちろんここで言うのは主イエスの復活ではなく、終わりの日における死者の復活です。神の前における最終的な決着、善と悪、義と不義とに対する最終的な決着のことです。ヨハネ一一章、ラザロの甦りの章の二四節、主イエスが「あなたの兄弟は復活する」と言われた時のマルタの答はそれを示しています。「終わりの日の復活の時に復活することは存じております」。

国が始まって以来、かつてなかったほどの苦難の中で、イスラエルの民はいよいよ終わりの日を、その日における苦難からの解放を待望します。神がおられるならこのままで終わる筈がなく、苦しんだままで死んだ人々が報われない筈がないからです。ダニエルは、墓は、あるいは陰府《よみ》は終わりではないことを示されました。こうして終わりの日における復活信仰は起こってきて、人々に希望を与えたのです。しかし、旧約聖書の信仰の中心は、神の戒めへの服従でした。そうなると苦しんだままで死んだ義《ただ》しい人々が報われるなら、義しくない人々には激しい罰がなければならないことになります。ダニエルはそこを一歩も越えることはできませんでした。

今日のユダヤ人が、終わりの日の復活を信じているかどうかはわかりません。何世紀にもわたる苦難の生活は、私たちにはほとんど理解することができません。さまよえるユダヤ人と呼ばれながら、世界の各地で過ごした離散の民にとって、祖国の再建、そこへの帰還は熱望でした。ユダヤ教は天国を語りません。おそらく復活も語られないことでしょう。ユダヤ人はこの地上においてメシアの理想の実現を目指します。皆が神の戒めを実行するならそれは実現すると考えられています。イスラエル共和国の建国はユダヤ人の考え方を一変させました。それは希望の実現でした。私には、今のユダヤ人はイスラエル共和国を神の国と同一視しているのではないだろうかと思われます。

それから五〇有余年、ユダヤ人は深刻な問題に直面しています。かつてはユダヤ人は文句なくユダヤ教徒でした。しかし今はそう言えなくなってきたのです。ユダヤ教徒ではない世俗的ユダヤ人が増えたのです。ユダヤ人としてのアイデンティティーが失われ、亀裂が入り始めたのです。あのダニエルの預言、

目覚めた人々は大空の光のように輝き
多くの者の救いとなった人々は
とこしえに星と輝く。(一二章三節)

という預言はどこかへ消え失せました。

そして今、主イエス・キリストにおいて、それとはまったく違う形で復活は現れました。復活の記事は少しずつ違いを見せながら、すべての福音書に取り上げられています。違いの中にその福音書が伝えたいと願ったことがあります。しかし共通点もあります。第一に、主イエスの復活の事実に最初に出会ったのは、複数単数の違いはあっても、女性であったことです。第二は、墓は空であったことです。第三は、使徒たちは、彼女、あるいは彼女たちの報告を信じなかったことです。ルカは二四章一一節にこう言います、「使徒たちは、この話がたわ言のように思われたので、婦人たちを信じなかった」。主イエスの復活を信じなかったというよりも、婦人たちを信じなかったのです。婦人はありもしないばかげたことを言うと決めつけられていたのです。ヨハネ福音書ではペトロともう一人の弟子ですが、ここではペトロだけが走って墓に行き、空であることを確かめましたが、驚いただけでした。

私はひとつのことに注意を促しておきたいのてす。私たちは十字架と復活を別々に考え、別々に取り扱いますが、これは切り離すことができません。いや、切り離せば両方とも意味が分からなくなってしまいます。パウロはローマ四章二五節にこう言います、「イエスは、わたしたちの罪のために死に渡され、わたしたちが義とされるために復活させられたのです」。

私は今までも繰り返しお話してきました。今また改めて話したいのです。ことは救いに関連しています。どんな宗教も救いを約束します。それは心の平安であったり、病気のいやしであったり、家庭内不和の解決であったり、苦しみからの解放であったりします。キリスト教の救いもそれらと関係あることです。しかし私は、イエス・キリストでなければ与えることのできない、根源的な救いがあると信じています。聖書においてそれは神との関係の回復を意味しています。神とのほんとうにあるべき関係とは何か。私はそれを父なる神と主イエスとの関係において見ます。そして主イエスは私たちに、ご自分と父なる神との関係に私たちも入ることを願い、私たちに神を父と呼ぶように教えられたのです。それを私たちの上に置き換えれば、神は私たちを愛と恵みをもっていつも包んでおられることが受け取られ、私たちからは信頼と従順をもつて答えることです。これは決してギブ・アンド・テイクではありません。いつも神の愛と恵みが先行し、しかも私たちの信頼と従順を上回っています。

ところが私たちには神への恐れが生じます。恐れは端的には罰への恐れですが、神の前でいつも良い子でいなければ、という形をとることもあります。これはあるべき関係ではありませんが、私たちが具体的に罪を意識した時、神との関係が崩壊していることを知ります。Iヨハネ四章一八節が言っているのはそのことです。「愛には恐れがない。完全な愛は恐れを締め出します。なぜなら、恐れは罰を伴い、恐れる者には愛が全うされていないからです」。

私たちは何らかの意味で罪の意識を持ちますし、現に持っています。罪の意識がある間は神とのほんとうの関係をもつことができません。従って罪の意識は私たちに償うことを求めます。そのため私たちはさまざまな試みをします。責任転嫁もそうですが、何かの行為をすることもあり、自分で自分を罰しようとすることもあります。しかしほんとうの罪の意識は自分で取り去ることができません。それは神に対する罪の意識だからです。こうして人は生の地獄に下る者となります。ここで私たちは、先ほど救いについての理解に変更を求められたように、罪という言葉についても変更を求められます。罪とは神と私たちとの関係を隔てているものの総称です。神とのほんとうの関係が切れていることを罪と言うのです。

神は、私たちの側で、この切れた関係を結び直すことができないことをご存じです。私たちとの関係が正しくあることを望まれる神は、ご自分のほうから結び直そうとされます。それがイエス・キリストの派遣です。しかし、私たちの中から罪と共に、罪の意識を取り除くためには、愛と赦しと贖いとが示されねばなりません。そうでなければ私たちにはわからないし、受け取れないからです。そして生の地獄にいる者のところへ届くには、生の地獄に下った方でなければなりません。十字架はそのことを示します。十字架は神がどれほど私たちを、私を愛しておられるかを示し、私たちの、私の罪を赦し、受け入れてくださると宣言し、同時に私たちのために、私のために償いがなされたことを表しています。償いは私たちの側では無償ですが、神の側ではイエス・キリストという最も高価な値が支払われたのです。

私がこのように言うと、それはあまりに単純過ぎます、あまりに虫が良すぎます、と言う人のあることを知っていますし、すでにキリスト者になっている人でも、罪の意識から解放されていない人のあることも知っています。しかし、私が何とかして償わねばと努力することは、いよいよ生の地獄に下ることになります。そしてそれは、これほどまでにしてくださるキリストの、神の愛を拒むことであり、私たちの傲慢であり、かたくなさです。キリストにおける神の愛を、全き恵みとして受け取ることが、聖書のいう悔い改めの意味です。

復活は勝利の宣言です。ヨハネ一九章三〇節には、主は十字架の上で、『成し遂げられた』と言い、頭を垂れて息を引き取られた」とあります。口語訳では「すべてが終わった」となっていましたが、命が終わったのでも、一切がダメになったのでもなく、救いのわざが成し遂げられたのです。それは裁きの終わり、罪の終わり、罰の終わり、呪いの終わり、死の終わり、そして終わりの終わりです。終わりの終わりは新しい始まりです。私たちにとっては古い者の死と、新しい命の始まりです。それがこれらのものに対する勝利の宣言としての復活です。同時にこれは私たちにとって慰めでもあります。私は今日は、慰めという点から復活の出来事を見てみたいのです。

ヘブライ五章七節はこう記しています。「キリストは、肉において生きておられたとき、激しい叫び声をあげ、涙を流しながら、御自分を死から救う力のある方に、祈りと願いとをささげ、その畏れ敬う態度のゆえに聞き入れられました」。この言葉はゲッセマネの祈りを思わせますが、十字架上の祈りをも思い起こさせます。主は「父よ、彼らをお赦しください。自分が何をしているのか知らないのです」（ルカ二三章三四節）と祈られました。それはまた私たちのための祈りでした。更に「エロイ、エロイ、レマ、サバクタニ。わが神、わが神、なぜわたしをお見捨てになったのですか」（マルコ一五章三四節）と祈られました。主は、神から捨てられることを御自分の身に引き受け、私たちを最早捨てられない者としてくださいました。その絶望こそ私の希望です。

説教学者ボーレンに『天水桶の深みにて』（日本キリスト教団出版局）という本があります。心を病み自殺した夫人のことから、人々の慰めに役立てたらと書かれました。読みやすい本ではありません。夫人の死の直後になされた「神が慰めてくださる」と題する説教があります。彼は言います、「神の慰めは墓の終焉であります。墓はもはや空であります。そして棺が沈められて行くのを見つめていた瞬間、電撃のようにひとつの思いが貫きました。ここに沈む者は再び出てくる。閉じ込められて横たわる者は解き放たれる」。そして祈ります、「私どもの主イエス・キリストの父、復活の日の慰めの中にある神が、ほめたたえられますように」。そして自分が多くの人から慰めを得たことを語り、それはその人たちが得た慰めを、更に手渡して下さったのであること、これから苦しみを受ける人は、他の人のためにも経験するものだということを知っているべきだと語り、互いに慰め合うことを奨めています。十字架から復活へと、甦りの主の足跡をたどってきた者たちには、そのことが許されているのです。

（一九九九年四月四日）

〈創立記念礼拝（復活節第二主日礼拝）〉

恐れることはない

ダニエル書一〇章二～一二節

イエスは言われた。「恐れることはない。行って、わたしの兄弟たちにガリラヤへ行くように言いなさい。そこでわたしに会うことになる。」

マタイによる福音書二八章一～一五節（一〇節）

私たちの教会の最初の礼拝が守られたのは、一九八六年四月六日でした。現在の牧師館の八畳の洋間と六畳の和室を、間のふすまを取り払ってつないだところが礼拝室でした。和室にはそのまま座っていただき、洋間には折り畳み椅子二〇脚を並べ手作りの説教台を置くと、説教者は柱を背中にくっつけるように立つほかはありませんでした。最初の礼拝の出席者は、子供を含めて二五名でしたが、その時教会員は、国分寺教会から一緒に開拓伝道をしようと移って下さった一〇名でした。二週間後の四月二〇日、東所沢伝道所開設式と牧師就任式が行われ、これが正式の出発となりました。あいにくの雨でしたが、七六名の出席者が廊下まであふれ、座ると身動きができないほどでした。その日の朝の礼拝で二名の転入会者が与えられ、更に六月一日には二名の受洗者と四名の転入会者が与えられ、一年目の教会員数は二二名となりました。

正式にはまだ伝道所でしたが、最初からあえて東所沢教会と呼んできました。それは教会・エクレシャとは、呼び集められた人々の群れのことであり、私たちはここ東所沢の地に呼び集められた群れであることを、私たち自身に明確にしておきたかったからです。たとえ会堂はなくとも、群れがあればそこに教会がある、私たちはそう信じていたのです。そして私たちはいつも群れであろう、共同体であろうとしてきました。今もそうであるし、そうであらねば、と思っています。

私はその最初の礼拝の説教「平安をつたえる群れ」を、こう締めくくりました。「ここに小さな群れが誕生しました。私たちはシャロームに満たされる群れでありたい。弟子たちは主を見て喜びました。私たちは主を喜び、主にあってほんとうに喜ぶ群れでありたい。神の愛と勝利を信じ、ただ神への信頼に生きる群れでありたい。主は言われました、『安かれ、父がわたしをおつかわしになったように、わたしもあなたがたをつかわす』。主は平安を他の人々のところへもたらすようにとおつかわしになります。私たちがここに来たのもそのためです。私たちは平安をつたえる群れでありたい。ここにおいて主のシャロームを共に聴く群れでありたい。

主は弟子たちに息を吹きかけ、『聖霊を受けよ』と言われます。神への信頼はあるのが決まりきったものでも、一度獲得したら生涯持ち続けることができるものでもありません。絶えず失うものです。これを日々新しくされるためには聖霊を必要とします。私たちは求めて絶えず祈る群れでありたい、と切に願います」。

親教会国分寺教会の最初の強力な支援、五年間の支援は大きな力でしたが、それによって第三年目から、経常会計においては自立を果たすことができました。一九八九年の会堂建築、一九九〇年の第二種教会設立、一九九四年の宗教法人認証、一九九五年の墓苑の完成。こうしたひとつひとつの出来事の中に、私たちは「主は生きておられる」ことを覚えさせていただき、それが私たちの信仰となったのです。最初のころのことも、これらのことも、一〇周年記念誌、「平安をつたえる群れ」の中に記されているところです。ここで更に繰り返すことはいたしません。

ところで一九八六年四月六日は今日と同じく復活節第二主日でした。私たちの教会の出発は復活の主の光の中で始まったと、私は信じています。そして教会暦の上で、私たちはまさに満一三年を迎えたのです。

最近私はひとつのことに気づかされました。私たちにとって主の復活は喜びとして捉えられています。確かにそうです。しかし最初の復活は人々に激しい恐れを与えたようです。私は復活を描いた多くの名画にひとつの不満を持っています。復活の主を描く名画の多くは顕現の場面です。題材は、マグダラのマリア、あるいは彼女を含む女たちへの顕現、不信のトマスへの顕現、エマオの食卓での顕現などです。そこに驚きはありますが、あまりにも美しく、優雅でさえあります。しかしそこに人々の恐れを表したものは極めてわずかです。

そのひとつがグリューネヴァルトのイーゼンハイム祭壇画です。高さ三・三〇メートル、幅五・八五メートル、そして正面の大画面は真ん中から二つに分かれ、両側に開くと、次の大画面が現れ、更に開くと聖アントニウス、聖アウグスティヌス、聖ヒエロニムスの肖像が現れます。これらの大画面の両翼にもそれぞれ絵が描かれています。一番上の大画面が有名な最も悲惨な十字架像と呼ばれているものです。それを引き開けると、キリスト降誕の大画面が現れ、その両翼左に受胎告知、右には復活が描かれています。

墓の蓋石を突き破るように復活のキリストは光に包まれて宙空に浮かび、兵士が三人、一人は手前にあおむけにひっくり返り、二人目ははいつくばって恐怖に顔を伏せ、三人目は右手奥に、両足を宙に浮かせてつんのめっている。そこには主の復活が引き起こした恐怖が見事に描かれています。今日の聖書マタイ二八章四節に「番兵たちは、恐ろしさのあまり震え上がり、死人のようになった」とあるとおりです。

しかしそれはまた、ほとばしり出る生命的な力の象徴でもあります。この祭壇画が置かれていたのは、アントニウス教団に所属する施療病院の礼拝堂でした。病院の患者や障害者たちは、治療の一部として神父に連れられて、この祭壇画を見るためにここに来たと言われます。死に直面し、あるいは捨てられた者のような日々を送る人々にとって、キリストの十字架は、自分たちの死を代わって死に、自分たちの捨てられることを担って、捨てられる人となられた方をそこに見ることとなりました。同時に次のパネルで、こうした死を突破する復活の命の力を見て、希望を抱いたのでした。

恐れたのは兵士たちばかりではありません。マルコは本来の福音書の終わりを、こう結んでいます。「婦人たちは墓を出て逃げ去った。震え上がり、正気を失っていた。そして、だれにも何も言わなかった。恐ろしかったからである」（一六章八節）。ルカもヨハネも恐れを記しませんが、マタイは天使が婦人たちに「恐れることはない」（二八章五節）と告げており、八節には「婦人たちは恐れながらも、大いに喜び」と記しています。

ほんとうに大きな出来事に直面した時、人は恐怖に陥ります。それは幽霊や化け物に出会うというおそれでもなければ、命を失う危険にさらされる恐れでもありません。なぜそのような恐れが私たちの心を襲うのか。私はそのような恐れは、私たちの隠れた罪責感から来ているように思います。ルカ五章一〜一一節はペトロの召命の記事です。ペトロが舟を繋いでいたのは、現在召命教会が建っている岩が船着き場であったと信じられています。主はペトロに、沖に漕ぎ出して漁をしてみなさいと言われ、ペトロが半信半疑で網を降ろすと、二艘の舟が沈みそうになるほど魚が取れた。ペトロは思わず主イエスの足下にひれ伏して、「主よ、わたしから離れてください。わたしは罪深い者なのです」と言う。すると主イエスは言われる、「恐れることはない」と。

しかし私はダニエルを例に取り上げてみたい。先週の主日で私たちはダニエル書一二章一〜四節を与えられましたが、同一〇章から一二章はひとつながりのところであり、終わりの日の幻についてダニエルが示されたところです。彼は断食していましたが、それは過越祭に関連しているので、丁度今頃のことです。断食と訳された言葉は、苦行するという意味があり、またへりくだるという意味もあります。それはいずれも罪の告白と関連しています。ダニエルは九章にすさまじい罪の告白、懺悔の祈りをささげています。それは捕囚という悲劇を招いたイスラエルの罪に対するものですが、彼はそれを自分の罪として祈っています。私は自分にはとてもできないことだと思いながらも、このような祈りだけがほんとうの執り成しとしての力を持ち得ると思っています。ある宣教師は、他人から罪の告白を聞き、祈りを求められてこう祈りました、「父なる神よ、この二人の罪をお赦しください」。

同一〇章はこの祈りを引き継いでいます。その時彼は幻を見、恐怖に力が抜け、打ちのめされ気力を失います。しかしひとつの手が引き起こし、唇にふれ、「恐れることはない」と言います。そして人のような姿が力づけてくれたので、彼は力を取り戻し、これから起こる事柄の約束の幻を示されます。つまり恐れは罪責感から生じ、「恐れることはない」という言葉は罪の赦しが与えられていることを意味します。同一九節はこうなっています。「彼は言った。『恐れることはない。愛されている者よ。平和を取り戻し、しっかりしなさい』。こう言われて、わたしは力を取り戻し、こう答えた。『主よ、お話ください。わたしは力が出てきました』」。こうして罪の赦しを与えられた時、ダニエルの心から罪責感は取り去られ、恐れは消え、力を取り戻したのです。

もう一度、主の復活の場面に戻ってみましょう。天使は恐れおののいている婦人たちに言います、「恐れることはない。急いで弟子たちに告げなさい。『あの方は復活された。あなたがたより先にガリラヤへ行かれる。そこでお目にかかれる』と」(マタイ二八章七節)。婦人たちは恐れながらも大いに喜び、弟子たちに知らせるために急いで墓から立ち去ろうとすると、主イエスが行く手に立たれる。そして「おはよう」と言われた。

私はこの訳にガックリします。確かにこの言葉は普通の挨拶に用いられる言葉ですが、新約聖書のほかの用例では、喜ぶとか、平安という意味で用いられています。おはようという意味はありません。台湾では、朝の挨拶として用いられるのは「朝ごはんを食べましたか」という意味の言葉ですが、キリスト者たちは自分たちにはふさわしくないと考え、「ピンアン、平安」と挨拶を交わすようになりました。私たちはそれを「おはよう」と訳すわけにはいかないのです。

婦人たちは主イエスの足を抱き、その前にひれ伏しました。しかし恐れはまだ残っていました。主は言われます、「恐れることはない。行って、わたしの兄弟たちにガリラヤへ行くように言いなさい。そこでわたしに会うことになる」(同一〇節)。

私たちはここに二つのことを示されています。ひとつは、罪責感から来る恐れは、罪の赦しが与えられることを通して取り去られるということです。ひとつの例を申します。ジョセフィン・バトラーは、英国の社会改良運動に献身した婦人です。彼女はある婦人刑務所で、特に堕落した女性に出会いました。ちょうど一人の牧師が、彼女に勧告を与えたのですが、ひどいののしりの言葉を浴びせられて帰るところでした。言葉をさしはさみますが、このような敵意も、恐れと罪責感という根を同じくしています。バトラーは一寸ひるみましたが、近寄って黙って枕を直してやり、それから少しも非難せず、ひとことふたこと優しい言葉をかけました。彼女は後でこう告白しています。「あの時、私は何を語りかけたのかもわかりません。ただ、キリストのことを考えていました。キリストはこの人のためにも血を流されたのだということを考えていました」。この瞬間、彼女は、キリストにおける罪の赦しにおいて、この女性を神のものと数えていたのです。その結果、彼女は平安を得ました。数日後彼女は、バトラーに見守られて、罪の赦しの信仰を抱きつつ、平安のうちに死にました。

私たちは心に留めておきたいのです。主イエスの「恐れるな」には、そして聖書の「恐れるな」には、罪の赦しが込められており、罪の赦しが、私たちを恐れから解放するということを、です。

もうひとつのことは、主が弟子たちを「わたしの兄弟たち」と呼ばれたことです。主は、勝手な願いをぶちまけたヤコブとヨハネを、三度主を否認したペトロを、自分を捨てて逃げてしまった弟子たちを、「わたしの兄弟たち」と呼ばれます。御自分との交わりコイノーニアの中に入れられます。御自分のからだの肢とされるのです。キリスト教会はこのことを忘れてしまったかのようです。信仰を、救いを、個人のこととしてしまいました。従って、罪の赦しも中途半端となり、恐れ、不安、敵意を取り去ることも中途半端になってしまいました。私たちはもう一度、罪の赦しは、私たちを、私を、キリストに結びつけると共に、私たち相互をも、主から「わたしの兄弟たち」と呼ばれるまでに、結びつけられているのであることを、私たちの信仰の中心に取り戻さねばなりません。

私は最後に、この教会の最初の礼拝でも引用したルカ一二章三二節の言葉を、もう一度読みたいと思います。「小さな群れよ、恐れるな。あなたがたの父は喜んで神の国をくださる」。神の国は罪を赦された者の国です。キリストのからだです。そこにおいて主は私たちを、「わたしの兄弟たち」と呼んでくださるのです。

（一九九九年四月一一日）

〈復活節第三主日礼拝〉

語りなさい

それから、イエスは言われた。「全世界に行って、すべての造られたものに福音を宣べ伝えなさい。

エゼキエル書三章一～一一節

マルコによる福音書一六章九～一八節（一五節）

紀元前五九八年バビロニアによるエルサレム陥落後、南ユダ最後の王ヨヤキムと共に、多くの人々がバビロンへ捕らえ移されました。その捕囚の民の中に若い祭司エゼキエルがいました。彼が何歳ぐらいであったかはわかりませんが、エゼキエル書冒頭の第三〇年とあるのが彼の年齢を示すのであれば、本来ならエルサレムで祭司の職務につく筈の年齢、二五歳。彼は汚れた異郷の地に移されたことになり、生涯を失ったような失望を味わったことと思います。

民はバビロン近郊の運河ケバル川のほとりに入植させられ、慣れない耕作に当たり、労役の重さに苦しんでいたと思われます。そうした中で五九四年、彼は預言者としての召命を受けました。エゼキエル書一～三章はその召命の記事です。エゼキエル書は多くの幻に満ちていますが、ここも神の栄光の幻から始まります。古くからこの章はさまざまに解釈されてきましたが、今日は割愛いたします。この栄光の主なる神が、エゼキエルに「人の子よ」と呼びかけ、神の言葉を語るようにと命じられ、そして言われます、二章六節です。「人の子よ、あなたはあざみと茨に押しつけられ、蠍《さそり》の上に座らされても、彼らを恐れてはならない。またその言葉を恐れてはならない。彼らが反逆の家だからといって、彼らの言葉を恐れ、彼らの前にたじろいではならない。」と。

これは誠に過酷な言葉ですが、すべての預言者が多少の違いはあっても告げられたことです。多くの場合、預言者の語ることが拍手をもって迎えられたことはありません。それでも語ることを命じられました。しかし実際には、反対され、嘲笑され、更に苦難に遭うようなことになると、預言者たちでさえ動揺し、果たして自分の語ったことは、ほんとうに神の言葉だったのだろうかとぐらつくのです。私もまた多くの話す機会の中で、面と向かった反対や嘲りには遭わないものの、受け入れられたか受け入れられなかったかはわかります。そして受け入れられなかった時、惨めな思いになるばかりでなく、ほんとうに私は正しいことを語ったのだろうかとぐらつくのです。

私たちの場合、こうした動揺は当然のことであるばかりか、そのことが反省の機会となります。聞き手を責めるのは大事な機会を逃すことです。しかし預言者の場合はそういうわけに行きません。神から語るべき言葉を与えられたという確信がなければなりません。エレミヤの場合は。神が手を伸ばして口に触れ、こう言われます、「見よ、わたしはあなたの口にわたしの言葉を授ける」(エレミヤ書一章九節)と。エゼキエルの場合は、表にも裏にも文字が記されている巻物を与えられ、それを食べよと言われたことです。このことは語るべき言葉は彼の好みや考えに基づくものではなく、神が授けたもうものであることを示しています。

巻物の内容がなんであったかはわかりませんが、彼の尊敬する先輩エレミヤが、弟子であり書記であるバルクに口述筆記させた文書は、預言者の言葉の記録として彼に大きな影響を与えました。それで巻物の内容について「それは哀歌と、呻きと、嘆きの言葉であった」(エゼキエル書二章一〇節)と記されています。彼がそれを言われたとおりに食べたということは、彼が神に対して従順であったことを示しています。こうして彼は派遣されます。

私たちは、神の言葉であるから、これは聞かれる、人々は耳を傾ける筈だと思ってしまいます。ましてや同じ神を信じる同胞です。ところがその同胞から最も激しい抵抗と反発を受けることとなります。このことは福音宣教においても同様です。使徒たちは愛する同胞から激しい反発を受けたのです。私たちも同様です。この素晴らしい福音を聞いてくれない筈はないと思って、意気高らかにに話をします。その時激しい拒絶に遭います。そして私たちは落胆し、語ることをやめてしまいます。イザヤ、エレミヤという預言者たちもそうでした。エゼキエルはまずそのことを示されねばなりませんでした。

彼に与えられた神の言葉を語るという任務は厳しいものでした。主は言われます、「まことに、あなたは、不可解な言語や難しい言葉を語る民にではなく、イスラエルの家に遣わされる。あなたは聞き取ることができない不可解な言語や難しい言葉を語る多くの民に遣わされるのではない。もしわたしがあなたをそれらの民に遣わすのなら、彼らはあなたに聞き従うであろう」（同三章五、六節）。人々が神の言葉を聞こうとしない原因は言葉が難しいからではありません。私はある時一人の未信者の方にキリスト教の話をしていました。そばにおられたこの方の学校の先生であったクリスチャンの方が言うのです、「キリスト教は難しいから、すぐわかるもんじゃないよ」。いや、それは大いにあり得ることです。私たちはことさらにキリスト教信仰をわかりにくくしてしまうところがあります。そして相手の理解力に合わせようとしません。しかし、この場合はそうではありません。神は言われます、「しかし、イスラエルの家は、あなたに聞こうとはしない。まことに、彼らはわたしに聞こうとしない者だ」（同七節）。私はこの言葉に、「人の言葉を聞こうとしない者は、やがて神の言葉も聞かなくなる」というボンヘッファーの言葉を思い起こすのです。

不可解な言語や難しい言葉を語る民、つまり異邦の民に語るなら、彼らは聞くだろうという言葉は、使徒言行録一八章において実現しました。パウロはアテネからコリントに来て、安息日ごとに会堂で論じたのですが、ユダヤ人の反抗と罵りに遭い、遂にパウロは服の塵を払って言いました、「あなたたちの血は、あなたたちの頭に降りかかれ。わたしには責任がない。今後、わたしは異邦人の方へ行く」（同六節）。こうして異邦人伝道は大いに進展しました。しかしそれは後の話です。やがてエゼキエルは、イスラエルの人々のかたくなさに出会うことになります。「額も硬く心も硬い」（エゼキエル書三章七節）というと鉄面皮と取られそうですが、そうではないでしょう。何があっても感情を動かされず、顔に表すこともないかたくなさでしょう。

そこで神は、「あなたの顔を彼らの顔のように硬くし、あなたの額を彼らの額のように硬くする」（同八節）と言われます。どんな辱めを受けようと、嘲られようと、それにはいささかも心を動かされないようにすると言われます。事実彼は、エレミヤのように神の前で嘆き愚痴を言うこともなく、その結果彼は、無感動で優しさのかけらもないように見られました。しかし彼は繊細な心の持ち主だったのです。なぜこれほどまでに耐えることができたのか。私はその鍵は、エゼキエル書三章三節の「わたしがそれを食べると、それは蜜のように口に甘かった。」という言葉にあるように思います。

哀歌と呻きと嘆きの言葉が甘い筈がありません。後に黙示録の筆者ヨハネはエゼキエルの故事を取り入れました。天使が彼に巻物を渡し、「食べてしまえ」と言い、彼が食べると口には蜜のように甘かったが、腹は苦くなった。黙示録一〇章一〇節の言葉です。ある人は、どんな内容であっても、神の言葉として従順に受け入れ咀嚼する時、預言者自身にとっては蜜のように甘いものになる、と解釈していますが、私はそう思いません。巻物が与えられたのは語るためです。語れば苦悩が起こります。エレミヤは若い時こう言ったことがあります。

主の言葉のゆえに、わたしは一日中
恥とそしりを受けねばなりません。
主の名を口にすまい
もうその名によって語るまい、と思っても
主の言葉は、わたしの心の中　骨の中に閉じ込められて
火のように燃え上がります。
押さえつけておこうとして　わたしは疲れ果てました。
わたしの負けです。
（エレミヤ書二〇章八、九節）

しかし、エゼキエルは苦悩の中に甘さがあること、喜びがあることを知ったのです。それゆえ彼は心動かされることがなく、それゆえ、語りなさいという神の言葉に従ったのです。

アシジのフランチェスコもこのことを知っていました。彼はキリストの苦難にあずかることを最大の願望とし、貧しい生活に徹し、キリストの後に従い、貧しい者を助け、福音を伝えました。フランチェスコ会は、今ではカトリック最大の修道会となりましたが、最初のころは理解されず、迫害を受けました。

ある時彼は、ペルージャからサンタマリア・デリ・アンジェリへの道を、秘書であったフラテ・レオーネと歩いていました。時は冬、厳しい寒さが彼をひどく苦しめ悩ましました。彼は呼びかけました、「おお、フラテ・レオーネよ。たとえ兄弟たちが、すべての言葉とすべての

学問とすべての聖書について知っていたとしても、それが全き喜びでないことを書き記せ」。少し行くとまた呼びかけました、「おお、フラテ・レオーネよ。たとえ兄弟たちがすべての不信者たちをイエス・キリストの信仰に導くほどよく説教をすることを知っていたとしても、そのことの中に全き喜びはないことを書き記せ」。

フラテ・レオーネが「父よ、どうか全き喜びはどこにあるのか話して下さい」と言うと、フランチェスコは言った、「私たちが雨に濡れ、寒さで凍え、泥に汚れ、飢え苦しんで、サンタマリア・デリ・アンジェリに辿り着き、修道院の門を叩くと、門番が悪口雑言を言い、戸を開けずに私たちを夜中雨と寒さの中に立たせておく時、なおも叩き続ける私たちを、棒を持って追い払う時、キリストの苦しみを思いながら耐え忍ぶならば、おお、フラテ・レオーネよ、書き記せ。その中にこそ全き喜びはある」(『イ・フィオレッテイ』〈小さき花〉エンデルレ書店刊)。

最初のキリスト教会は知っていました。私たちは今日マルコ一六章九〜一八節を示されています。ここは新共同訳では、「結び　一」として、本来のマルコ福音書にはなかったことがわかるようになっています。最も古い重要な写本に欠けているからです。しかし、他の福音書と違ったことが書いてあるわけではありません。復活の主に会ったマグダラのマリアの言うことも、二人の弟子たちの言うことも、他の弟子たちが信じなかったということも同じです。復活の主が弟子たちに現れ、その不信仰とかたくなな心を叱責され、それから宣べ伝えなさい、語りなさいと命じられたことも、一致しています。昇天についてごく簡単に記し、こう結んでいます。「弟子たちは出かけて行って、至るところで宣教した。主は彼らと共に働き、彼らの語る言葉が真実であることを、それに伴うしるしによってはっきりとお示しになった」(同二〇節)。

最初のキリスト者たちは、主の復活を信じるということは、「語りなさい」と派遣されることと一つだと受け取っていました。しかし私たちは、宣教がそんなに簡単に進んだのでないこと、いや、むしろ多くの苦難に出会わねばならなかったことを知らされています。それは彼らにとって思い掛けないことではなく、予測されたことでした。なぜならキリスト御自身が苦しみを受けられたからです。それでもなお、語りなさいという命令に従うことになったのか。私はIIコリント五章一四節がそれを示していると思っています。「キリストの愛がわたしたちに強く迫っている」(口語訳)。

キリストの愛は、私たちのために、私のために、死にたもうたことにおいて示されています。キリストは私たちが神と結び合わされねばならず、結び合わされることが、私たちにとって最も望ましいことであると知っておられ、御自分の死によって私たちを神と和解させてくださると共に、和解の言葉を委ねられたのです。キリストの愛は、私たちを神と強く強くもう離れることのないまでに結びつけると共に、私たちをキリストのわざにあずかることへと駆り立てるのです。

私は宣教力とは、キリストの愛をどれほど大きく感じているかということだと思います。私自身にとっては、宣教力などというのはおこがましいのですが、今までの歩みの中で三回大学の教員となる機会がありましたが、私は伝道者であることを止めることができませんでした。それは私には力がないという認識にもよりましたが、キリストへの愛のゆえでした。

最初のキリスト者は知っていました。語りなさいという言葉に従うことは苦難を伴うことを、しかし同時にそこに喜びのあることを知っていたのです。キリストの苦難にあずかる喜びです。使徒五章四一節はこう記しています。「それで使徒たちは、イエスの名のために辱めを受けるほどの者にされたことを喜び」、そうです、そして、絶えず教え、福音を告げ知らせ続けました。

私たちは言うでしょう、「そうだ、語りなさいと言われても、語れないし、語る勇気も積極性もないのは、キリストの愛が迫るほどにわかっていないからだ。まあ、仕方がないか」と。しかしそうではありません。「語りなさい」は命令です。私ははっきり申します、従わなければ、まさに私たちのかたくなさを示すものですし、従えば、私たち自身のほんとうの罪の認識へと導かれ、キリストの愛を知るに至るでしょう。主は今も言われます、「わたしの言葉を食べなさい、そして語りなさい」と。

（一九九九年四月一八日）

〈復活節第四主日礼拝〉

養ってくださる神

列王記上一七章一～七節
ルカによる福音書九章一〇～一七節（一三節）

イエスは言われた。「あなたがたが彼らに食べ物を与えなさい。」

旧約聖書における前期預言者の中で、私が最も心を引かれるのはエリヤです。しかし、私は、カルメル山上に立つ巨大なエリヤ像を見て、違和感を覚えました。確かにここでエリヤは、王妃イゼベルの保護を受ける四五〇人のバアルの預言者、四〇〇人のアシェラの預言者を向こうに回して、死闘を演じ、勝利しました。カルメル山はイスラエルとフェニキアとの境にあり、イスラエルの神ヤハウェとバアルの両方の祭壇がありました。しかし王妃イゼベルのために、イスラエルの神の祭壇は顧みられなくなり、壊れたままになっていました。エリヤはそれを修復し、その上で犠牲をささげると、神は火をもって答え、御自分が神であることをお示しになりました。見ていたイスラエルの民は平伏して「主こそ神です」と言います。像のエリヤは剣を振り上げ、「バアルの預言者を捕らえよ。一人も逃すな」と叫んでいるのです。しかし私は、エリヤは孤独な人であったと感じています。

イスラエル統一王国は、サウル、ダビデ、ソロモンの三代で終わり、ソロモンの息子レハブアムの時に、北イスラエル王国と南ユダ王国に分裂したことはご承知のとおりです。南ユダは、ソロモンの蓄えた財宝のおかげで裕福でしたが、やがて北イスラエルは肥沃な土地のゆえに逆転しました。しかし王朝の交代が激しく、また南ユダを始め周囲の諸民族とも争いが続きました。第四王朝のオムリは名君でした。彼はサマリアに都を建設し、国をまとめました。私たちはその遺跡であるセバスティアを訪れました。イオニア式の石柱が何本も立っているばかりでしたが、その広壮さは想像できました。アッシリアの碑文では、イスラエル全体をオムリの国と呼んでいるほどです。

その子アハブは、聖書では悪王の代表のようにされていますが、凡庸ではありませんでした。彼は南ユダと手を握り、フェニキアの王女イゼベルを王妃に迎え、連盟を結びました。有力な商業国と結んだので、国に繁栄をもたらしました。しかしこのことは、フェニキアの宗教をも輸入することになりました。アハブ自身は神に対する忠誠は失っていないと思っていたでしょうが、官能的なフェニキアの宗教は人々の心を引き付けてしまったのです。

この時エリヤは現れました。彼は最初、すべてのものを創造された神は、自然をも支配しておられることを示す旱魃を預言するのですが、神は彼を、ケリト川のほとりに行かせられます。これは旱魃から守る意味もあったでしょうが、アハブとイゼベルの追求を避ける意味もあったでしょう。ケリト川はヨルダン川の支流ですが涸れ谷です。涸れ谷とは雨季にだけ水が流れ、しかもきれいな水は期待できません。それがどこなのかは確定できませんが、ここがそうだと言われているエリコの南西五キロの涸れ谷は、谷の途中に泉があり、紀元四八〇年以来、聖ジョージ修道院があります。

エリヤはここで神に養われます。烏が朝に夕にパンと肉を運び、彼は川の水を飲みます。烏は汚れた鳥の一種とみなされています。それを用いてエリヤを養われた神の意図は、どこにあったのでしょうか。やがて川の水は涸れ、エリヤは主の言葉によってシドンのサレプタに移ります。カルメル山から海岸沿いに北へ約九〇キロ、地中海に臨む小さな町です。神はそこで貧しいやもめに養わせられます。

三年後、エリヤはアハブの前に姿を現し、カルメル山上の決戦となるのですが、その後エリヤはイゼベルの報復を恐れて逃げます。ベエル・シェバ、それはネゲブの荒れ野の入口です。北から南へ下って行くと、ここまではどうにか緑が見られますが、そこから先はほとんど緑はないと言ってよく、私たちは木一本ない荒涼とした世界に声もありませんでした。

エリヤはベエル・シェバに従者を残し、ひとり荒れ野に入り、一日歩き続けて、一本だけポツンと立っているえにしだの木（口語訳「れだまの木」）の下に座ります。もう精も根も尽き果ててしまったのでしょう、「主よ、もう十分です。わたしの命を取ってください」（同一九章四節）と願います。しかし神は、御使いの手によって再び彼を養われます。彼はパン菓子と水によって力づけられ、四〇日四〇夜歩き続けて神の山ホレブにつきます。前にも言いましたように、ホレブはシナイ山のことです。おそらく単独の山を指す時はシナイ山、山塊を指す時はホレブが用いられたと思われます。そしてそこはかつてモーセが律法を与えられたところでもありました。私自身はシナイ山に登らなかったので残念でしたが、登ったらぜひ行きたかったのは、シナイ山中腹にあるエリヤの泉、洞窟のあるところです。不思議です、全山岩山で木一本ないシナイ山に、ここだけは泉があり、ここだけには糸杉が数本はえています。神はエリヤのために備えておられたのでしょうか。神はエリヤを養われたのでしょうか。

彼は洞窟で夜を過ごしている時、神の声を聞きます。「エリヤよ、ここで何をしているのか」(同九節後半)。エリヤは今までのことを話し、「わたし一人だけが残り、彼らはわたしの命をもねらっています」(同一〇節後半)と訴えます。「そこを出て、山の中で主の前に立ちなさい」(同一一節)と言われて出ようとする、その時主は通り過ぎて行かれた。主の御前には非常に激しい風が起こり、山を裂き、岩を砕いた。しかし風のなかに主はおられなかった。風の後に地震が起こった。しかし地震のなかにも主はおられなかった。地震の後に火が起こった。しかし火のなかにも主はおられなかった。火の後に、かすかにささやく声が聞こえた。彼はそれを聞くと外套で顔を覆い、洞窟の入口に立った。声はこう告げた、「エリヤよ、ここで何をしているのか」(同一三節)。エリヤは再び今までのことを言うと、主は言われる、「行け、あなたの来た道を引き返せ」(同一五節)。そして新しい任務を命じられると共に、「あなた自身一人になったと言っているがそうではない。わたしはバアルに膝をかがめない者七千人を残している」と言われます。今度は神は、エリヤを御言葉をもって養われたのです。

やがて、モーセを通して、荒れ野でイスラエル民族をマナをもって養われた神は、エリヤを養われました。また民族を養うために王たちや指導者たちをお立てのなりました。しかし彼らは預言者エレミヤを失望させました。彼は神の言葉をこう告げます、「あなたたちは、わたしの羊の群れを散らし、追い払うばかりで顧みることをしなかった。わたしはあなたたちの悪い行いを罰する。彼らを牧する牧者をわたしは立てる」(エレミヤ書二三章二〜四節)。エゼキエルは彼自身捕囚の民でしたから、神が散らされた群れを捜し出し連れ出し、彼らの土地へ導き、そこで養い憩わせる、と言われたことを語り、こう告げます、「わたしは彼らのために一人の牧者を起こし、彼らを牧させる。彼は彼らを養う」(エゼキエル書三四章二三節)。

この預言はどう成就したでしょうか。今日与えられているのはルカ九章一〇〜一七節ですが、ここと並行のマルコ六章三四節にはこう記されています、「イエスは舟から上がり、大勢の群衆を見て、飼い主のいない羊のような有様を深く憐れみ、いろいろと教え始められた」と。ルカ福音書にはこの言葉はありませんが、「イエスはこの人々を迎え、神の国について語り、治療の必要な人々をいやしておられた」(九章一一節)と記されています。私たちは羊飼いイエスを前提にすることなしに、五〇〇〇人の人々の養いを理解することはできないでしょう。

弟子たちは宣教のために派遣されていました。先生から離れての初めての単独行動、彼らはどんなに緊張し、気負い、そして心細く、無力を感じたことでしょう。主イエスもまた案じられたことでしょう。マタイ福音書はこの派遣の時に当たっての主イエスの言葉を、こう伝えています、「狼の群れに、羊を送り込むようなものだ」（一〇章一六節）と。主イエスはきっと、彼らが帰ってくるまで、祈っておられたことでしょう。

宣教のわざはつたないながらも成功でした。聖霊の導きがあったに違いありません。口々に報告する弟子たちを連れて人を避けて退かれたのは、彼らに祈りが必要だとお考えになったからです。私たちは成功は次の行動のバネになると思いがちですが、そうではなく、養われることが必要なのです。養われなければ、気がつくとからっぽになっており、養われても追いつかないほどからっぽになってしまうのです。

しかし群衆はその時を与えませんでした。日が傾き、弟子たちは群衆を解散させ、宿を取り、食べ物を見つけさせるようにと言います。意外にも主イエスは、「あなたがたが彼らに食べ物を与えなさい」（ルカ九章一三節前半）と言われます。弟子たちは当惑するばかり、「わたしたちにはパン五つと魚二匹しかありません」（同一三節後半）と。買いに行ったとしても、果たして店はあるのか、それだけのパンは手に入るのか、お金は？　マルコには二〇〇デナリオンものパンとありますが、一デナリオンは労働者一日分の賃金ですから、二〇〇デナリオンがどれほど多額なものであり、弟子たちが持ち合わせているはずのないことは明白です。

弟子たちの当惑をよそに、主は人々を五〇人づつ組にして座らせなさいと命じ、五つのパンと二匹の魚を取り、天を仰いでそれらのために賛美の祈りを唱えます。ここで賛美の祈りと言うのは、ユダヤ人が食事をする時、主人がパンを手に取ってこう祈ってからパンを裂いてみんなに渡します、「地よりパンをもたらしてくださる主なるわれらの神、永遠の王よ。あなたはほむべきかな」。主はそう神を賛美してパンを裂き、弟子たちに渡して群衆に配らせられました。パンを渡される主イエス。それを運ぶ弟子たち。感謝して受け取り、いただく群衆。そこには不思議な一体感がありました。一つのものをいただいているという思い、養われているという感じ、主イエスにつながっているという実感。この時群衆は群れとなっていました。全ての人が満腹し、残ったパン屑は一二の篭に一杯になりました。一二はイスラエル一二部族を現します。一人の主イエスから一二人の弟子たちへ、一二人の弟子たちから五〇〇〇人へ、五〇〇〇人からイスラエルの一二部族のすべてに広がる。弟子たちはそのことを知ったのです。

この出来事は奇跡です。しかし単なる奇跡ではありません。当然群衆を解散させるべき時にあえて行われたのは、これが教育的意味を持った奇跡だからです。弟子たちはこのことによって、宣教ということが何なのかわかったのです。宣教とは説教することではない、説得することでもない、ましてや感動させることではない。それは人を養うことだとわかったのです。養うとは端的には、食べ物を与えることですが、それだけではありません。第一に、その人の欠乏を満たすことです。第二に、その人に力を与えることです。第三に、その人を成長させていくことです。

そしてこれらのことを通して弟子たちは三つのことを学びました。第一は、キリストは何をもって養ってくださったか、ということです。私たちは、聖書ではパンはしばしば御言葉の象徴であったことを思い出さねばなりません。キリストは御言葉《みことば》をもって養って下さいます。Iペトロ二章一、二節は記しています、「だから、悪意、偽り、偽善、ねたみ、悪口をみな捨て去って、生まれたばかりの乳飲み子のように、混じりけのない霊の乳を慕い求めなさい。これを飲んで成長し、救われるようになるためです」。私たちは心に銘記しましょう。生きて働く御言葉以外に私たちを養うものはないということを。

第二にキリストに養われた人は人を養うわざに用いられます。主は言われました、「あなたがたが食べ物を与えなさい」。復活の主はペトロに言われます、「ヨハネの子シモンよ、わたしを愛するか」。ペトロは答えます、「はい、主よ、わたしがあなたを愛していることはあなたがご存じです」。主は言われます、「わたしの羊を養いなさい」。そして人を養おうとすれば、キリストに養われなければなりません。

第三にキリストの養いの方向はどこかということです。このことは弟子たちに、自分たちに委ねられているわざの方向はどこかを認識させました。キリストの養いの方向は群れとすることでした。もちろん牧者は一匹一匹の羊を大事にします。しかし羊は群れとしてでなければ生きることはできません。

この五〇〇〇人の養いは最後の晩餐ではありませんが、その予型です。そして最後の晩餐こそ群れの食事であり、また群れとする食事でした。戦後の日本のキリスト教教育に大きな影響を与えたR・C・ミラーが『教会とキリスト教養育』という本を出した時、私は目を開かれる思いがしました。彼は養育［nurture］という言葉を、教育［education］、教授［instruction］、伝授［information］、教えること［teaching］、と区別して用いています。そして養育を「人々をして教会たらしめること」の意味で用います。人々をして群れとすることと言ってよいでしょう。

主はこのように私たちを養われます。私たちはそれによって生かされ、欠乏を満たされ、力を与えられ、成長させられ、群れとなって行くのです。エリヤを養われた神はキリストを遣わして養ってくださいます。私たちはこの養いを受けさせていただこうではありませんか。

（一九九九年四月二五日）

〈復活節第五主日礼拝〉

光のあるうちに

イザヤ書五章二六～三〇節

「暗闇の中を歩く者は、自分がどこへ行くのか分からない。光の子となるために、光のあるうちに、光を信じなさい。」

ヨハネによる福音書一二章二七～三六節前半（三五、三六節）

エルサレム入城からゴルゴダの十字架まで、主イエスの日々は目まぐるしいほど多事多端でした。エルサレムに行くたびに私の心に引っかかるのは、最後の晩餐の席からゲッセマネの園へ、そこでの激しい祈りの後、逮捕され大祭司カイアファの官邸に連行される。最高法院が召集されて審問、そして総督ピラトのもとに送られ、あらためて審問の上、十字架刑の確定。十字架を背負ってのヴィア・ドロローサ、悲しみの道行き。処刑の始まったのは午前九時とされています。これはもう異常とも言うべきスケジュールです。私たちは一応、日曜日がエルサレム入城、月曜日は宮潔め、火曜日が神殿における論争、水曜日はベタニアでの油注ぎ、そして木曜日が最後の晩餐としています。

しかし、ヨハネ福音書は一切を省略しました。しかも主イエスの死は、すでに最高法院で決定していたことを記しています。ベタニアでのラザロの甦りの直後のことです。キドロンの谷を隔ててオリーブ山頂の東側と言えば、エルサレムからはすぐ近く、ニュースはいち早く大祭司カイアファに届いていたことでしょう。そしてエルサレムでの出来事として唯一つ取り上げているのが、数人のギリシア人が「主イエスに会いたい」と言って来たことです。主イエスのわざと言葉に感銘を受けたのはユダヤ人だけでなく、ユダヤ教への改宗者であるギリシア人も同様であったことが知られます。それはやがて、主イエスが世界大の広さで受け入れられることのしるしなのでしょうか。その時主は「人の子が栄光を受ける時が来た」と言われました。主にとって栄光の時とは、また十字架の時でした。有名な一粒の麦の言葉はそれを表しています。そしてそれは、主イエスに従う者についても言えることでした。

しかし二七節の言葉は、私たちに衝撃を与えます。「今、わたしは心騒ぐ。何と言おうか。『父よ、わたしをこの時から救って下さい』と言おうか」。ヨハネ福音書にはゲッセマネの祈りはありません。最後の晩餐の席上、弟子たちへの訣別の言葉、いや、約束の言葉と言うべきかもしれません。その後大祭司の祈りと言われる主イエスの祈りが続きます。私たちはこの一二章二七節にゲッマネの祈りの片鱗を見ることができます。「心騒ぐ」というのは、「魂が恐れおののき、なえてしまう」というほどの強い言葉です。時々、「私も汗のしたたるような苦しみを経験しましたから、主イエスの苦しみがわかります」という言葉を聞くことがありますが、私はそんなものではないと感じています。私たちには、私たちの罪を、私自身の罪を担うことはできませんが、主は私自身と多くの人々の罪を担われたのですから。

主は言われます、「しかし、わたしはまさにこの時のために来たのだ」(同二七節)。「父よ、わたしをこの時から救ってください」という祈りと、「わたしはまさにこの時のための来たのだ」という言葉とを比べてください。ここにはこの時についての大いなる転換があります。それは、「父よ、御名の栄光を現してください」(同二八節前半)との祈りに現れます。それはちょうどゲッセマネの祈りにおける、「わたしの願い」から「父の御心」への転換に対応しています。天からの声「わたしはすでに栄光を現した。再び栄光を現そう」(同二八節後半)は、この祈りに対する応答です。

しかし群衆はこれを理解しませんでした。主は彼らに言われます、「今こそ、この世が裁かれる時。今、この世の支配者が追放される」(同三一節)。この時、逆転が起こるのです。裁く者が裁かれ、裁かれた者が裁きの座に着かれます。追放した支配者が追放され、追放された者たちが主イエスと共に引き上げられるのです。この世の支配者とは、ラビ文学においては悪魔のことです。英国の思想家C・S・ルイスはその著書『悪魔の手紙』の中で、二つのことを戒めています。ひとつは、悪魔の存在を信じないことであり、もうひとつは、信じて、過度の、そして不健全な興味を覚えることです。

しかし私たちは、これらのことに注意しつつ、悪魔が何をねらっているかを知らねばなりません。悪魔は私たちを神から引き離そうとして、あらゆる手段を用います。何よりの決め手は絶望です。人に絶望させ、自分に絶望させ、神に絶望させようとします。四世紀の教父クリュソストモスは言います、「私たちの罪よりも、むしろ私たちの絶望こそが私たちを悲惨に陥れることが多い」。しかしローマ一五章一三節が「希望の源である神」と言うように、神は「希望の神」なのです。

人はさまざまな形で悲惨のどん底に陥り、そこで絶望します。ですから主はその悲惨のどん底、絶望のどん底まで来られました。どん底にいる人々のところにまで来られるために。どんなところにも、そこに主はおられます。そこにいる人々を自分のもとに、神のもとに引き上げられるのです。「あなたには神の国の門は閉ざされている」と、私たちの心に囁くのは悪魔です。しかし主によって門は開かれ、誰も閉ざすことはできないのです。ヘブライ五章七節は記しています、「キリストは、肉において生きておられたとき、激しい叫び声をあげ、涙を流しながら、御自分を死から救う力のある方に、祈りと願いとをささげ、その畏れ敬う態度のゆえに聞き入れられました」。また同四章一五、一六節にはこうあります、「この大祭司は、わたしたちの弱さに同情できない方ではなく、罪を犯されなかったが、あらゆる点において、わたしたちと同様に試練に遭われたのです。だから、憐れみを受け、恵みにあずかって、時宜にかなった助けをいただくために、大胆に恵みの座に近づこうではありませんか」。

しかしユダヤ教的な考えに取りつかれている人々には、やはり理解できませんでした。人がその考え方の枠から、人生の枠から解放されるのは、何と困難なことでしょうか。ヨハネ福音書は一二章三六節後半から四〇節にかけて、イザヤ書五三章一節と同六章一〇節を引用しながら彼らのかたくなさを説明します。私たちも同様です。彼らは、そして私たちも、ほんとうの自分がわかっていないのです。さて主イエスは彼らに言われました、「光は、いましばらく、あなたがたの間にある。暗闇に追いつかれないように、光のあるうちに歩きなさい。暗闇の中を歩く者は、自分がどこへ行くのかわからない。光の子となるために、光のあるうちに、光を信じなさい」(ヨハネ一二章三五、三六節前半)。

ヨハネ福音書は最初から光をテーマにしてきました。一章九節は、「すべての人を照らす本当の光が世に来ようとしていた」(岩波版聖書)と記しています。しかし人々は光を受け入れませんでした。その理由を三章一九、二〇節はこう記しています、「光が世に来たのに、人々はその行いが悪いので、光よりも闇の方を好んだ。それが、もう裁きになっている。悪を行う者は皆、光を憎み、その行いが明るみに出されるのを恐れて、光の方に来ないからである」。

私はこの言葉は、主イエスの当時だけでなく、今も真実であると感じています。もし私たちが、私は主イエスをどう受け入れており、それをどう表しているかを問われ、それに答えるなら、そこに、私は何者なのかが現れるのではないでしょうか。その時には、私たちが信仰と思っていたのは不信仰であり、謙遜と思っていたのは傲慢であり、他の人のことを考えていると思っていたのは、自己中心だったことが明らかになるのではないでしょうか。ヨハネ八章一二節には主の重要な言葉が記されています、「わたしは世の光である。わたしに従う者は暗闇の中を歩かず、命の光を持つ」。有名なトマス・ア・ケンピスの『キリストに倣いて　イミタティオ・クリスティ』はこの言葉をもって書き始められています。

それを受けているのが今日のところです。主イエスは御自分の時が間近いことをご存じでした。十字架と復活とは父のみもとへ行くことでした。光は今しばらくあなたがたの間にあるとはそのことでしょうか。つまり現実に生きておられる主イエスが、人々の間にいるのはもうしばらくのことだというのでしょうか。同一四章一九節にはこういう言葉が見られます、「しばらくすると、世はもうわたしを見なくなるが、あなたがたはわたしを見る」。

「暗闇に追いつかれないように、光のあるうちに歩きなさい」（同一二章三五節）という言葉には、ルカ一九章四三、四四節、エルサレムを望み見て泣いて言われた主の言葉に相通じるものを感じます。「神の訪れてくださる時をわきまえなかったから」。ルカのこの箇所の背後には紀元七〇年のユダヤ戦争、ローマ軍によるエルサレム陥落と神殿崩壊があるように、ヨハネ福音書のこのところにもそれがあるように思います。光のあるうちに光を信じ、光のあるうちに歩かなかったので、人々は暗闇に追いつかれてしまったのです。暗闇に捕らえられてしまったのです。

ところで私たちにとって、暗闇の中を歩くとはどういうことでしょうか。また、自分がどこへ行くのかわからないとはどういうことでしょうか。私はヨハネの手紙第一に注目しています。同一章六、七節はこうです、「わたしたちが、神との交わりを持っていると言いながら、闇の中を歩むなら、それはうそをついているのであり、真理を行ってはいません。しかし、神が光の中におられるように、わたしたちが光の中を歩むなら、互いに交わりを持ち、御子イエスの血によってあらゆる罪から清められます」。また同二章九〜一一節はこうです、「『光の中にいる』と言いながら、兄弟を憎む者は、今もなお闇の中にいます。兄弟を愛する人は、いつも光の中におり、その人にはつまずきがありません。しかし、兄弟を憎む者は闇の中におり、闇の中を歩み、自分がどこへ行くかを知りません。闇がこの人の目を見えなくしたからです」。

ヨハネの手紙が言うところは明白です。光の中を歩むとは、神との、キリストとの交わりの中にいることです。そしてその交わりは私たちに、兄弟姉妹との交わりをもたらします。そうすると暗闇の中を歩むとは自己中心的に歩むこととなるでしょう。私が言うのは利己的ということではありません。自己を中心として堂々めぐりをすることです。従って行く先を知らずなのです。ヨハネ福音書が、信仰の焦点を共同体、交わりにおいたのは優れたところでした。ヨハネの手紙はより明確に、交わりの実現こそキリストのわざと言葉の目標であることを示しました。しかし私たちが共同体の形成に心を用い始めるやいなや、人の心がどんなに悪魔の支配にさらされているかにぶつかります。そして教会に分裂が起こりますが、これを解決するには、福音による以外にありません。

私は「光の子となるために、光のあるうちに、光を信じなさい」（ヨハネ一二章三六節）という言葉に惹かれています。光の子という言葉に特別な意味を盛り込むべきではありません。キリストの光に照らされ、キリストに従う者という意味に止めておきたく思います。「光のあるうちに」に、私は時ということを感じています。主イエス当時、あるいはヨハネ福音書が書かれた当時の切迫感は、今はありません。にもかかわらず、この言葉は「この時」を感じさせます。私たちは「この時」がいつなのかを知りません。しかし必ず来る時として覚えていま す。とすれば私たちは今がその時として覚えるべきでしょう。

コヘレトの言葉三章は、何事にも時があり、すべて定められた時があると示します。私は口語訳の方が良いと思います。そこには「神のなされることは皆その時にかなって美しい」(同一一節前半)とあります。しかしまた「それでもなお、人は神のなされるわざを初めから終りまで見きわめることはできない」(同一一節後半)。だとすると、私たちはあらゆる時がこの時だとして備えねばなりません。

オスカー・ワイルドの獄中記の中に、「人は生涯に少なくとも一度は、エマオへ向かう道で、キリストと一緒に歩いている」と記しています。彼は「サロメ」や「ドリアン・グレイの肖像」などの作品で官能的な耽美主義作家として知られていました。その彼にこんな言葉があったとは。エマオの出来事はルカ二四章一三〜三五節にあります。二人の弟子がエマオへ向かって歩いていました。彼らはエルサレムから逃げて来たのです。話題はひとつしかありません。エルサレムで起こった主イエスの出来事です。いつしかひとりの人が一緒になりました。それが誰であるかわかりません。問われるままにエルサレムで起こったことを話すのですが、彼らには「イエスは生きておられる」という知らせは理解できないことでした。見知らぬ人は彼らに、「メシアは死んで甦ることになっているではないか」と、モーセと預言者から始めて聖書のすべてにわたって解き明かされました。エマオに着き強いて引き止め、食卓を共にします。主はパンを裂き、これを渡された時、二人の目は開かれ、そこに主がおられることを知り、そして主の姿は見えなくなったと記されています。

この二人のように私たちにも、共に歩かれる主イエスがおられるのに、気付かないでいるのではないでしょうか。私たちの身近な人、かねて交わりのあった人、その中に一緒に歩まれる主イエスがおられたのではなかったでしょうか。「暗闇の中を歩まないように、光のあるうちに、光の中を歩みなさい」。主は私たちにも教えておられます。そして主は私たちを御自分の交わりの中に引き入れると共に、私たちの間にも交わりを開いてくださるのです。主は今日も、私と共に、私たちと共におられます。光を信じようではありませんか。暗闇の中にではなく、主の光の中に置かれているのだということを信じようではありませんか。

（一九九九年五月二日）

〈復活節第六主日礼拝〉

義とされること

レビ記二五章八～一七節

言っておくが、義とされて家に帰ったのは、この人であって、あのファリサイ派の人ではない。
だれでも高ぶる者は低くされ、へりくだる者は高められる。

ルカによる福音書一八章九～一七節（一四節）

レビ記二五章が示すところは二つ、ひとつは七年毎の安息年、もうひとつは七×七の四九年、その次の五〇年、ヨベルの年の規定です。安息年の方は七年目毎に土地を全く休ませるという規定です。土地を休ませることの効果はないわけではありませんが、これは全面的な休耕でしたから、飢饉に等しく、人々に大きな経済的打撃を与えました。従ってなかなか守られなかったようですが、それでも守ろうとされたことは事実のようです。五〇年のヨベルの年も安息年でしたが、大きく目立つのが、売られた土地は無償でもとの所有者へ戻され、貧しさの故に奴隷に売られた者は、無償で解放されることです。ヨベルとは雄羊の角のことですが、この年の大贖罪日には雄羊の角で作られた角笛がいろいろの場所で吹き鳴らされ、人々の注意を呼びかけるところからヨベルの年と呼ばれます。しかしヨベルの年が守られたという記録はありません。旧約聖書の中にも、ここと民数記三六章四節にひとつ出てくるだけです。

しかし最初のキリスト者たちは、イザヤ書六一章一、二節に基づいて、主イエスによる解放の恵みの年としてヨベルと呼びました。イザヤの言葉はルカ四章一八、一九節によれば、主イエスがナザレの会堂における最初の礼拝で引用され、「この聖書の言葉は、今日、あなたがたが耳にしたとき、実現した」（同二一節）と言われた箇所です。このヨベルという言葉から、英語、ドイツ語などの喜びを意味する言葉が出てきました。キリスト者はこれを罪の赦しと結びつけました。先ほど歌ったチャールズ・ウエスレーによる讃美歌二六三番はそれに基づいています。

この罪の赦しのことを聖書は、義とされるという別の表現で言っています。義とされること、義と認められること、いわゆる義認の教理は、キリスト教の重要な教理とされ、ルターはこれを「教会が立ちもし倒れもする教理」と呼びました。私たちも「信仰によって義とされる」というパウロの言葉を、キリスト教信仰の中心として理解しているのですが、その本当の意味はどこかへ押しやられてしまったかのように思われます。義とされるという言葉が分かりにくいのには二つの理由があります。ひとつは、私たちが義という言葉を、倫理的道徳的な意味で理解してしまうからです。そうなると私を義たらしめているのは、私の倫理的道徳的なわざやあり方であって、神がそれをお認めになるということになります。これでは行為義認ではあっても、信仰義認ではありません。それを義とされるとは言わないのです。義とされるのは神であって、私たちではないのです。パウロは信仰によって義とされると言うと共に、ローマ三章二四節にこう言っています、「ただキリスト・イエスによる贖いの業を通して、神の恵みにより無償で義とされるのです」。信仰によって義とされるということと、神の恵みによって義とされるということとは同じことです。私たちが信仰というものを、何か評価し得るものと考えているかぎり、信仰によって義とされるという言葉は正しく捉えることができません。私はローマ四章四、五節の言葉も注目すべきだと思っています。「働く者に対する報酬は恵みではなく、当然支払われるべきものと見なされています。しかし、不信心な者を義とされる方を信じる人は、働きがなくても、その信仰が義と認められます」。これは不思議な言葉だと思います。

もうひとつ、義とされるという言葉が分かりにくいのは、聖書において義とは神との関係を表す言葉だからです。前にも言ったのですが、罪、贖い、救いという言葉も、神との関係を表す言葉なのです。罪とは神からの離反であり、贖いとは神と結び直されることであり、救いとは神との関係の回復なのです。私たちは自分の努力で神とのあるべき関係に入り、結び直し、関係の回復を図ることはできません。なぜなら私たちを神から隔てているのは、私たちの神に対する罪だからです。それを取り除くことができるのは、神の赦しだけです。

ところで、神が与えて下さる赦しという意味で赦しという言葉を用いたことは、パウロの真正の手紙の中には驚くほど少ないのです。赦しという言葉はもともと法廷用語で、パウロの時代には罪過からの赦免でした。しかしパウロはそれ以上のものを感じていました。そして同じく法廷用語、無罪を認定する場合に用いられる「義とする」という言葉を見いだし、それを神の恵みを意味する言葉として用いました。神との正しい関係が、神の恵みによって始められたというのです。このことを「神に受け入れられる」と言ってもよいでしょう。

私たちは「受け入れる」と言う時、私たち自身の持つ価値判断の基準に基づいて評価し、受け入れるかどうかを決めるものですから、神も同じだと考えてしまい、おこがましくも私たちの価値判断を神に押しつけます。しかも神の価値判断は私たちと同じだと思いこんでしまうのです。私はキリスト者は、一般の人に劣らず、あるいはそれ以上に、こうした傾向が強いと思っています。こうしたことに対する最も良い例が、今日与えられたルカ一八章九〜一四節、ファリサイ派の人と徴税人のたとえに示されています。これはたとえ話ですが、事実そのとおりのことが見られた話です。おそらく私たちは、今日でも嘆きの壁の前で、あるいは教会の中でも、見ることができるかもしれません。

このたとえは、自分を正しい人間だとうぬぼれて、他人を見下している人々に対して語られました。うぬぼれは内面的なことですから外見ではわかりません。しかし見下すことは、見下している人には自分がそうだとはわかりませんが、見下されている人にはわかるものです。ですからここでも、自分は正しいとうぬぼれて他人を見下している人々は、自分がそうだとは思ってもいなかったことでしょう。

二人の人が祈るために神殿に上った。二人とも目的は同じです。極めて信仰的なことのために来ました。しかしまた、隠された動機というものもあります。隠された動機は、その人の姿勢のうちに現れることもあります。二人は連れ立って来たわけではありません。ファリサイ派の人は、ちらっと見て品定めをしたのです。批評すること、見下すことはそこから起こります。そして恐らく立っていた場所も違っていたに相違ありません。「ファリサイ派の人は立って」と私たちの聖書にはありますが、ある聖書では、「進み出て」、別の聖書には「自信満々に進み出て」とありました。おそらくファリサイ派の人は内陣に近いイスラエルの庭、祭壇に一番近いところに立って祈ったと思われます。一方徴税人は、おそらく婦人の庭にも入れず、異邦人の庭、それも柱に隠れるようにして立っていたに違いありません。私はファリサイ派の人のようにすることが良いことだとは思いませんが、さりとて徴税人のようにすることが良いことだとも考えていません。一人離れて立ち、みんなの中に加わろうとしない姿勢に、はるかに傲慢が潜んでいる場合もあるのですから。

祈りの内容はその人の自由です。祈りは神に対してなされるものであって、人に聞かせるためではありません。そしてその祈りを聞きたもうのは神ですから、私たちは祈りそのものについて批評することはできません。祈禱会が終わった時、一人の方が言われました、「先生は私が祈る時、ため息というか、うなるというか、声を出されますが、励まされます」。私はハッとしてそれ以来止めました。そのことがいつか、私に喜ばれるような祈りをしようという思いになることを恐れたからです。

それにしてもファリサイ派の人の祈りはあっぱれなものです。彼は心の中で祈ったのですから、聞かせようとしたのではありませんが、見事なものです。私は彼がありもしないことを祈ったとは思いませんし、主もまた、彼がありもしないことを祈ったとしてお話になったのではありません。ですからこの祈りは至極真面目な祈りです。「この徴税人のような者でないことを感謝します」（同一一節）という言葉には一寸引っかかりますが、まあ、良いじゃあありませんか。私たちだって「私はあんなことはしない」などと言っているのですから。しかし一言あります。もちろん他人を見下すような祈りはすべきではありませんが、自分のしたことを並べあげることは、もはや祈りではないということです。

ところが徴税人は遠くに立って、神から遠くというだけでなく、他の人々からも遠く離れて立っていたことでしょう。私は、人から隔たりを置くことと、神と隔たりを置くこととは深いつながりがあると考えています。しかし徴税人の場合は、かえって神の近くにいたのです。それはこの祈りのゆえです。目を天に上げようともせず。かつて祈りは目を天に向けてなされました。おそらくファリサイ派の人もそうしたでしょう。しかし彼は目を伏せたまま胸を打ち叩きながら祈ります、「神様、罪人の私を憐れんでください」（同一三節）と。

私たちはこのたとえ話の結末を知っているので、こともなげに義とされたのは徴税人であって、ファリサイ派の人ではなかったというのです。しかし私たちはこう思っていないでしょうか。立派なクリスチャンというのは、熱心に礼拝や集会に出席し、よく聖書を読みお祈りをし、曲がったことは一切せず、過ちは犯さず、教会にも仕事にも真面目で、仕事の上では成功し、家庭内では円満、そんな人のことだと。私はこんなふうになる必要はないとか、悪いことだとか言っているのではありません。しかし、こうあらねばということが出てくると、人を裁く心、批判が出てきます。そうあることを誇る気持ちと共に、そうあり得ない者を見下すことが起こってきます。やがて偏狭さ、愛のなさが生じ、共同体の中に分裂が起こります。そうでなければ、極めて支配的、権力主義的なものとなって行きます。

もう一度、たとえ話の結論に目を留めてみましょう。「言っておくが、義とされて家に帰ったのは、この人であって、あのファリサイ派の人ではない」(同一四節)。徴税人は深い懺悔を抱いていました。しかし彼は徴税人を辞めたわけではありません。彼は人からほめられるような熱烈な信仰を持ったわけでもありません。それでも神は彼を義とされたのです。つまり神は彼をありのままに受け入れられたのです。彼は自分がこのような愛と恵みによって、義とされ、受け入れられたことを知って、平安と喜びのうちに家に帰ったでしょうか。おそらく知らなかったと思います。私はそこに聖書における義とされることとの秘義があると信じています。そこに主イエス・キリスト来臨の秘義もあります。主は彼に、あなたは受け入れられているのだと示すために来られました。「わたしが来たのは罪人を招くためである」と言われたのはそのことです。徴税人が信仰らしいことを表す前に、悔い改めにふさわしい実を結ぶ前に、神は彼を受け入れておられるのですが、それを知らせてくださるのがキリストです。

しかし本当は神は、ファリサイ派の人も受け入れておられるのですが、彼らにとっては、自分の正しさ、自分の信仰というものが、自分でも気づかずに神を拒んでいました。私たちにとっても、たとえ僅かでも、自分の正しさ、自分の信仰を自負するなら、それは神の恵みを拒むことになっています。そのために十字架が必要となったのです。それがあったからこそ、律法主義者にして迫害者サウロが、伝道者にして使徒パウロとなりました。そして信仰によって義とされる、神の恵みによって義とされるという主張に至ったのです。こうして私たちローマ四章五節「不信心な者を義とされる方を信じる人は、働きがなくても、その信仰を義と認められます」という言葉を理解することができるようになります。

もうひとつのことが残っています。主イエスが来られて、あなたは義とされている、あなたは捨てられてはいない、あなたは受け入れられている、神の国はあなたのために開かれていると言われて、それを受け入れるか信じるかです。主は言われます、「はっきり言っておく。子供のように神の国を受け入れる人でなければ、決してそこに入ることはできない」（マルコ一〇章一五節）。

さて、ルターが「教会が立ちもし倒れもする教理」と言ったのはなぜでしょう。このファリサイ派の人には、徴税人の悲しみも苦しみも響きません。それは彼の問題であって私の問題ではないからです。私はそこにマタイ二七章四節の言葉を感じます。ユダは自分のしたことが主の死につながったことに驚き後悔し、祭司長たち長老たちのところへ来て「わたしは罪のない人の血を売り渡し、罪を犯しました」と言う。しかし彼らは「我々の知ったことか。お前が勝手に始末せよ」と答え、ユダは自ら命を断ちました。

主イエスはそう言われませんでした。義とされたと語り、義とされていることを示すためにお働きになり、あなたは受け入れられていると告げ、はっきりと示すために十字架に死なれました。そしてこのことを人々に告げるために教会を呼び集められました。教会がもし、「我々の知ったことか。お前が勝手に始末せよ」と言うなら、教会の存在の意義は失われます。それがルターの言った意味だと理解しています。私たちは「あなたは義とされている、信仰によって、恵みによって無償で、受け入れられている」と告げようではありませんか。

（一九九九年五月九日）

〈復活節第七主日礼拝〉

再び来られるまで

ダニエル書七章一一～一八節

わたしは世の終わりまで、いつもあなたがたと共にいる。

マタイによる福音書二八章一六～二〇節（二〇節）

私は今日皆さんに歴史のことを知って頂きたく思います。私たち自身の歴史ではなく、紀元前五〇〇〇年代から新約聖書の時代にかけての歴史です。その歴史の中でキリスト教の信仰は形作られ、主イエスによって確立されました。それによって歴史は一つの方向を与えられ、私たちは生きる姿勢を与えられたのです。その最初の示しを与えるのがダニエル書です。

ダニエル書は紀元前六世紀の初め、バビロン捕囚の民の中にいたダニエルによって書かれたことになっており、ダニエルはネブカドネツァルの時代から、バビロン最後の王ベルシャツァルを経て、バビロニアを倒したペルシア王キュロスに至るまで王宮に仕えたという設定です。しかし実際にはダニエル書は紀元前三世紀から紀元前一六五年までのことをその内容としているとされています。ただ歴史を書いたのではなく、幻に満ちた物語の中で、極めて象徴的に世の終わりへと方向づけられています。殊に七～一二章は、四つの幻の物語によってこのことをはっきりと示しています。ただ幻という形をとっているものの、奇想天外なことをいっているわけではありません。例えば五章の壁に字を書く指の幻の記事は、事実このとおり、バビロン最後の王ベルシャツァルが酒宴の最中、キュロスによってバビロンは戦闘が行われることなく陥落させられ、彼は殺されました。

さて七章最初に出てくる四頭の大きな獣は四人の王と王国を示しています。第一の獅子はバビロニア帝国、第二の熊はメディア王国、第三の豹はペルシア帝国を表しています。第四は獣の形ではなく、「ものすごく、恐ろしく、非常に強く、巨大な鉄の歯を持ち、食らい、かみ砕き、残りを足で踏みにじった」と記されており、どんな獣にも当てはまらないということでしょうか。これはアレクサンドロスとギリシア帝国を表しています。彼は紀元前三三四年小アジアを手中に収め、同三三二年にはパレスチナ全土、同三三一年エジプト、同三三〇年ペルシア帝国を倒し、更にインドにまで進出しました。同三二三年彼はアラビア半島征服の計画を立て、その途中で熱病のため三三歳の若さで死にました。彼の死後、帝国は四人の将軍によって分割され、パレスチナはフットボールの球のようにこれらの勢力争いにもまれ続けたのです。

ダニエル書七章七、八節には、「これには十本の角があった。その角を眺めていると、もう一本の小さな角が生えてきて、先の角のうち三本はそのために引き抜かれてしまった」とあります。実は四人の将軍と言いましたが、将軍はプトレマイオス、アンティゴノス、カサンドロスの三人で、もう一人はプトレマイオスの部下だったセレウコスです。そしてセレウコス家だけが残りました。後の七本の角はおそらくセレウコス家の王のことでしょうか。ダニエルにはこれらの王たちは、神に対する冒瀆的な挑戦を試みるように見えました。

さてダニエルは審判の王座を見ます。「日の老いたる者」（同九節）とは神のことです。神はいにしえからいますとされたからです。一〇節の「裁き主は席に着き、巻物が広げられた」というのは、審理がすでに開始されていることを示しています。尊大なことを語り続ける者はやがて殺され、アレクサンドロスの死後帝国は分裂し、小国はそのまま残されます。

そこに新しい展開が起こります。「人の子のような者」（同一三節）が天の雲に乗り、「日の老いたる者」（同一三節）、すなわち神の前に来て、とこしえに滅びることのないあらゆる権威を受けたというのです。これは後のことですが、エゼキエルは「人の子」という言葉を、神の啓示を受けた人について用いたのですが、ダニエルはそれをメシアのこととして用いました。

ダニエルはこのことをまだ十分に理解することができず、困惑と不安に陥ります。そして御使いから説明を与えられます。私たちは今日そこまでを読みました。今日の主日日課は、同一八節の「しかし、いと高き者の聖者らが王権を受け、王国をとこしえに治めるであろう」というだけで十分としたのでしょう。私たちはもう少し先まで読みましょう。

幻の説明は二三節からまだ続きます。そして一一人目の王はアンティオコス四世エピファネスのことです。彼は紀元前一七五～一六四年イスラエルを支配しました。アレクサンドロスはギリシア文化の心酔者でしたから、占領地と人々のギリシア化に熱意を燃やしましたが、ユダヤ人には寛大でした。後を引き継いだ将軍たちもそれを踏襲しましたが、アンティオコス四世は違いました。彼は一〇〇％のギリシア化を要求しました。これはユダヤ人には不可能なことでした。極端に保守的な人を除けば、ギリシア語を話し、ギリシア風の服装をし、ギリシア風の競技や遊びに加わることまでは妥協しても、信仰だけは固くユダヤ教を守りました。それがエピファネスの感情を害しました。こうしてユダヤ人に対する弾圧が始まり、彼はエルサレム神殿にゼウス神像を運び込んで祭らせました。マカベウス家を中心とする反乱は紀元前一六七年に始まり、同一六五年ユダス・マカベウスに率いられるユダヤ人はエルサレムに入城、神殿を潔め、ユダヤは独立を取り戻しました。そしてダニエル書は同一六五年に書かれました。この時代のことは旧約聖書続編マカバイ記一、二に記されています。

ユダヤ暦の三月キスレウの月二五日には今も宮潔めの祭りが行われています。その翌年一六四年エピファネスは死にます。しかしことはそれで終わったわけではありません。シリア軍との戦いは同一四三年まで続きます。しかもその後、ユダヤ人の間にサドカイ派とファリサイ派との抗争が続き、同六三年、ローマのポンペイウスが争いに介入してエルサレムに入城、ユダヤをローマの属領とすることによって、ユダヤの独立は紀元一九四七年イスラエル共和国の建設まで失われたままだったのです。

旧約聖書は早くから、主の日、終わりの日のあることを告げていました。それは神の支配がなし遂げられる日であり、神のみわざが実現する時でした。今述べたような状況の中で終末への期待は一層強くなり、メシア到来が切望されるようになりました。ダニエル書の影響のもとに、終末期待とメシア待望を告げる多くの黙示文学が生まれたのでした。とはいえ、すべてのユダヤ人がそうであったのではありません。約束もメシアも否定するグループもありました。私自身の考えによれば、終末もメシアも否定する立場の人々は、何かの形でその時の政治勢力と結びつくことが多かったようです。

主イエスはこのような状況を背景にしてこの世に来られました。主があえて御自分をダニエル書から受け取って「人の子」と呼ばれた時、御自分をメシアとして自覚しておられたことは明らかです。しかし同時代のユダヤ人たちが抱いていたダビデ的政治的メシアとは一線を画しておられました。なぜならそれは神の国に至らぬことを熟知しておられたからです。主イエスは決してこの世を神の国にしようとしておられたのではありません。多くの人々は誤解しました。そこで神の国建設運動を起こそうとしましたが、それは悉く失敗に終わりました。主は、神の国は単に未来の国ではなく、ここに来ていること、神の御心に生きる人々のいるところに来ていることを示すために来られ、同時に神の国は神御自身によって実現されること、すべての人がそこに招かれていることを知らせるために来られたのでした。

しかし弟子たちを始め人々は、最後までこのことを理解することができず、主を政治的メシアと思い込んでいました。ユダヤ人のある人々、終末もメシアも信じていない人々にとっては、このことは危険だと見えました。ヨハネ一一章四五～五三節の記事はそのことを示しています。五〇節のカイアファの言葉がそれを代表しています。「一人の人間が民の代わりに死に、国民全体が滅びないで済む方が、あなたがたに好都合だとは考えないのか」。弟子たちを始め、主をメシアだと信じていた人々にとって主の十字架の死は衝撃でした。この時点で一切は瓦解したと感じられました。ルカ二四章一三節以下が報ずるエマオ途上の二人の弟子たちの言葉「わたしたちは、あの方こそイスラエルを解放してくださると望みをかけていました」には、深い失望の響きがあります。終末期待とメシア待望を抱くユダヤ人にとっても同様でした。

私は、主イエスの出現前後に現れた自称メシアに注目しています。いずれも政治的メシアを主張するものでした。紀元七〇年の第二ユダヤ戦争はローマ総督の失政によって起こりましたが、一三二年の第二次ユダヤ戦争はバル・コクバの反乱によって起こりました。当時最も尊敬されていたラビ・アキバが、彼を支持したのも大きな力でした。しかし結局ローマ軍によって鎮圧され、バル・コクバは戦死、ラビ・アキバを始め多くの指導者たちが処刑、更に多くの民衆は奴隷とされました。この時以来、ユダヤ教はメシア待望に否定的となりました。

主イエスの復活はキリスト者たちに新たな光を与えました。主イエスはメシア、キリストだったのです。主イエス・キリストを信ず。ここから新たな終末期待が起こりました。マタイ二八章一八～二〇節の主イエスの言葉は、ダニエル書の言葉を人々の心の中に甦らせました。「わたしは天と地の一切の権能を授かっている。だから、あなたがたは行って、すべての民をわたしの弟子にしなさい。……わたしは世の終わりまで、いつもあなたがたと共にいる」。

マタイ福音書は主イエスの昇天のことを記しません。しかし人の子が、終わりの日、天から雲に乗って来るという主の言葉は記しています。メシアは来られた。再び来られる。これは最初のキリスト者たちにとって強力な信仰となりました。ルカは使徒一章一一節にそのことを伝えています。「ガリラヤの人たち、なぜ天を見上げて立っているのか。あなたがたから離れて天に上げられたイエスは、天に行かれるのをあなたがたが見たのと同じ有様で、またおいでになる」。

主は再びおいでになる。初代の教会はそのことをさまざまなところで表しました。そのひとつが聖餐式です。Iコリント一一章二六節、聖餐式制定の言葉はこう結ばれています、「だから、あなたがたは、このパンを食べこの杯を飲むごとに、主が来られるときまで、主の死を告げ知らせるのです」。このことは実際に示されました。司会者が「わたしはすぐ来る」と唱えると、会衆は「アーメン、主よ、来てください。マラナ・タ」と応ずる。司会者は「主イエスの恵があなたがたと共にあるように」と締めくくります。

キリスト者の群れは、主の再び来られるのを待つ群れでした。そのことは新約聖書の随所に現れています。礼拝がそうであるばかりでなく、日常生活もそうでした。聖書の中にあるあらゆる倫理的な教えは、決して個人的な倫理の理想を語ったものではなく、神の国での私たちのあり方、ひいてはこの世における神の民の群れにおけるあり方を示したものです。つまりその根拠は、主は再び来られることの中にあり、主が再び来られるまでのことです。

一方に合理的と称する考え方があり、他方終末についての過った考え方から、終末信仰は逃避的厭世的なあり方を生ずると言われたのですが、それは違います。主が再び来られるという信仰なしには、この世ではキリストを信じて生きることはできないでしょう。五月一三～一四日・大宮ソニック・シティで関東教区総会が行われました。総会はもともとあまり面白いものではありませんが、ひとつのことが私の心に留まりました。「『日米新ガイドライン関連法案』成立に反対する件」が上程された時です。一人の人が「こんなことをしたって成立してしまうのだから、意味ないではないか」と発言されたのに対して、別の人が「次の世代の人から、『お前はあの時何をしていたのか』と問われて答えられるように。それにそんなことを言うと、主イエスのなさったことも、伝道することも意味がなくなってしまう」と言われました。そうです。弟子たちの宣教は「主が再び来られるまで」ということに根拠を置いていたからこそ、意味を失うことはなかったし、継続することが可能だったのです。

私は最近『旅する神の民』（教文館）という、アメリカの二人の神学者の共著を読みました。原題は「レジデント・エイリアンズ――定住する異星人」。この題はフィリピ三章二〇節、「私たちの本国は天にある」から発しています。本国が天にあるなら、教会、この群れはこの世界における天国のコロニーということになります。従ってこの共同体にはこの世とは違った基準がある筈です。ところがキリスト教化されたアメリカという社会、そんなことはあり得ません。

それは幻想です。ただそう思われている中では、キリスト教信仰に基づくあり方は、この世のあり方と同一視されてしまい、教会は生き生きとした力を失います。この本はこうしたアメリカの教会に対する挑戦状です。同時にこれは、信仰も救いも個人的なこととし、キリスト教倫理も今の世における個人倫理にしてしまった日本の教会に対する挑戦状でもあります。個人倫理であればすべては、効率と有益か無益かで判断されることとなります。しかし神の国のコロニーであるなら、主は再び来られるという点から検討されることになります。そして私たちは新しい生き方を獲得することとなるでしょう。

（一九九九年五月一六日）

〈聖霊降臨日礼拝（聖霊降臨節第一主日礼拝）〉

証人となる

士師記一五章九～一七節

あなたがたの上に聖霊が降ると、あなたがたは力を受ける。そして、エルサレムばかりでなく、ユダヤとサマリアの全土で、また、地の果てに至るまで、わたしの証人となる。

使徒言行録一章一～一一節（八節）

今日は聖霊降臨日、主の復活から五〇日目、集まっていた弟子たちに聖霊が与えられ、弟子たちの、ひいては教会の働きが始まったことを記念する日です。そんなところから私たちは聖霊の働きは、この日から始まったように思いがちですが、そうではありません。旧約聖書の始まりから聖霊はありました。創世記一章二節にはこう述べられています。「地は混沌であって、闇が深淵の面にあり、神の霊が水の面を動いていた」。神の霊はただ水の面を覆っていたのではなく、活動していたのです。

霊と訳されたヘブライ語のルーアハは、風という意味も、命を与える息という意味もあります。創世記二章七節には「主なる神は、土の塵で人を形づくり、その鼻に命の息を吹き入れられた」とあります。ここで用いられている言葉はルーアハではありませんが、他のところではルーアハが用いられています。先程の讃美歌一七七番で「神の息」と歌われていたのは聖霊のことです。

人は最初、神から聖霊を与えられていた存在でしたが、いつしかその罪と弱さのゆえに聖霊を失いました。いや、私はこう言いたいと思います。人は依然として霊的存在だったのですが、聖霊を失ったのです。創世記六章三節のノアの洪水に先立っての言葉、「わたしの霊は人の中に永久にとどまるべきではない」とあるのが印象的です。

その後神は、ある人を呼び出し召し、みわざのために用いようとされる時、特別に聖霊を与えられました。モーセには聖霊が与えられたという記事はありませんが、彼が聖霊を与えられたことは確かです。こうした意味での聖霊の付与が、最もよく現れているのは士師記です。注目すべき一人はギデオンです。彼のことは士師記六〜八章に記されています。彼は恐るべき戦士、優れた武将となるのですが、実は臆病な小心者だったのです。それが主の霊を注がれると勇者に変身し、ミディアン人と戦い、勝利します。もう一人はサムソンです。彼のことは一三〜一六章にあります。生まれながらのナジル人、つまり神にささげられた人とされていますが、随分乱暴な生活で、同胞の指導者というよりは、いつも一人で暴れまわり、無頼漢のようにさえ見えます。彼の怪力の由来は、生まれて以来かみそりを当てたことのない髪にあったのですが、愛するペリシテの女デリラに迫られて打ち明けてしまい、髪を切られて力を失い、ペリシテ人に捕らえられます。祭りの時、見せ物として神殿の中に引き出された彼は、祈って力を回復して頂き、神殿を押し倒してペリシテ人を殺し、自分も死んでしまいます。しかし彼はいつも力を発揮したのではなく、その都度主の霊が降るのです。

サムエル記上一〇章には、預言者サムエルがサウルに油を注いでイスラエルの王とすることが出てきますが、その時彼は荷物の間に隠れていました。しかし主の霊が注がれると、彼は別人のようになります。預言者たちについては、エリヤ、エリシャ以外には明確に述べられていませんが、彼らの預言者としての召命は聖霊によるものであり、主の霊によって預言活動を行ったことは疑いありません。そして後期の預言者たちは、主の僕たちが聖霊を受けてわざをすることを預言し、更にヨエルはすべての人に聖霊が注がれると預言します。このヨエル書三章一～五節の預言は、使徒二章一七～二一節に引用され、聖霊降臨日に実現しました。

こうしたことを受けて新約聖書では、聖霊は主イエスの降誕において働き、マリアは聖霊によって身ごもります。聖霊はバプテスマのヨハネの洗礼を受ける主イエスに下り、神の子としての宣言がなされました。聖霊は主イエスを荒れ野に導き、サタンの試みを受けさせ、こうして主はどんなキリストであるべきかについて、明確な示しを受けられます。聖霊は主イエスにおいて働きます。罪を赦し、病をいやし、悪霊を追い出し、五〇〇〇人を養い、嵐を静め、人を教え人を生かします。受難物語の中には聖霊について何も述べられていないのに、随所にその働きを感じます。そして何よりも復活は、ローマ一章四節「聖なる霊によれば、死者の中からの復活によって力ある神の子と定められたのです。この方が、わたしたちの主イエス・キリストです」の言葉どおり聖霊のわざでした。何よりもヨハネ福音書は、主イエスが地上から去られると共に、聖霊が与えられると約束します。聖霊は永遠に私たちと共にいて下さいます。聖霊は主イエスの言葉を教え、また思い出させます。聖霊は主イエスについて証をします。聖霊は真理を悟らせます。

ルカは、マタイ、マルコ福音書よりも、ヨハネ福音書に近いところがあります。ルカも弟子たちに聖霊が与えられることを信じていました。ルカ一一章一三節には「まして天の父は求める者に聖霊を与えてくださる」という主の言葉を記しています。しかしルカは、福音書に続いて第二冊目を書くことを考えていました。従って聖霊が与えられる約束について簡単に記し、昇天のことを短く述べると、福音書を閉じました。ルカにとって福音書は、単なる主イエスの生涯ではありませんでした。それは聖霊を通してなされた主イエスによる神の救いの活動でした。使徒一章一、二節はこう記しています。「テオフィロさま、わたしは先に第一巻を著して、イエスが行い、また教え始めてから、お選びになった使徒たちに聖霊を通して指図を与え、天に上げられた日までのすべてのことについて書き記しました」。

主イエスによる聖霊を通してなされる救いの活動は、昇天をもって、主がこの世を離れられることをもって終わりました。それは聖霊を通してなされる救いの活動の新たな始まりでなければなりません。敢えて言うなら、キリスト教はひとつの救いの活動、聖霊による運動なのです。そして今、主は使徒たちに全てを委任されます。「聖霊を通して指図を与え」とはそのことを示しています。こうしてルカ福音書では「約束のもの」とか、「高い所からの力」とかしか言わなかったものを、使徒一章五節では「聖霊」とはっきり告げるのです。四、五節と六節以下とは、場所が違っています。四、五節は彼らと食事をした時ですから、屋内でのことです。六節以下は九節に昇天のことが出てくるので、戸外でのことです。それはまさしくルカ二四章と対応しています。同三六〜四九節は屋内での食事の時、五〇、五一節はオリーブ山でのことです。

使徒たちは問います、「主よ、イスラエルのために国を建て直してくださるのは、この時ですか」(使徒一章六節)。特別な時に特別な人に聖霊が注がれるのは、神の介入の時でした。ですからこの問いは、ダビデ王国の復興を予期したメシア待望のように見えます。主の十字架と復活とを体験した使徒たちが、まだこのような考えの中に低迷していたのでしょうか。それとも人間はいつの時代にも、このようなメシア待望に取りつかれるということでしょうか。事実、ルカの時から四〇年も経たないうちに、紀元一三二年バル・コクバの反乱による第二次ユダヤ戦争は始まり、人々は彼にメシアの姿を見ましたが、反乱はローマ軍によって鎮圧、ユダヤ人はエルサレムから追放されてしまったのでした。

私たちはごく身近なことを考えて見ましょう。六〇年前、なぜドイツはヒットラーに制圧されてしまったのか。当時ドイツは絶望的な状態にあったと言われます。何百万の失業者、経済的危機、政党乱立による国家の分裂状態、夢と希望を燃え立たせることのできない国家の無能と貧困、そして何よりも第一次世界大戦後のヴェルサイユ条約は、外国の支配に抵抗しようとする熱狂的な民族主義を生み出して行きました。こうして人々はメシアを、そう思われてもよいような独裁者を求めるようになりました。不幸にしてそれがヒットラーだったのです。私は過去のことを言っているのではありません。ドイツであれ日本であれ、どこの国であれどこの民族であれ、今後もこのようなメシア待望は起こり得るのです。私たちははっきりと心に留めておきましょう。それはメシアではない、と。

主は言われます、「父が御自分の権威をもってお定めになった時や時期は、あなたがたの知るところではない」(使徒一章七節)。「あなたがたの知るところではない」という言葉は、もっと強い言葉です。「あなたがたは知るべきではない」、あるいは「あなたがたに知る権利はない」とすべきです。このことはルカの終わりの日待望に対する批判的な態度を示すものであるばかりではなく、主イエス御自身の態度を示すものです。終末、メシア来臨の時期決定のいかなる試みも、なし得ないことであるばかりか、それは神の主権を侵すことに外なりません。

主は再び来たりたまいます。しかしそれはいつかはわかりません。その来たりたもうまでの間、私たちにはなすべきことが委任されます。それが同八節です。「あなたがたの上に聖霊が降ると、あなたがたは力を受ける。そして、エルサレムばかりでなく、ユダヤとサマリアの全土で、また、地の果てに至るまで、わたしの証人となる」。こうしてルカは、昇天と、二人の御使いによる主の再臨の予告をもって、この段落を終わっています。ルカは主イエスの宣教運動から、使徒たちによる宣教活動の展開へと目を向けさせようとしています。

私は証人という言葉に注目します。これこそ使徒たちに委任されたことです。そして証人は二つのことによって制約されています。ひとつは証人という言葉から来ています。法廷において証人に要求されることは、自分が見たり聞いたりしたことについて述べることです。そこでは、私はこう思うとか、こう考えるとか、こういう意味だというようなことは、一切求められていません。後にペトロとヨハネが最高法院で取り調べを受け、「イエスの名によって話したり教えたりしてはならない」と脅された時、答えます、「わたしたちは、見たことや聞いたことを話さないではいられないのです」(使徒四章二〇節)。

もうひとつの制約は、「わたしの証人」という言葉です。私たちにとっては「主イエスの証人」です。私はある時ある方に証しをお願いしましたが、その方は断わりました。「いや、あまり大したことはしていませんので」と。私は後でわかったのです。私たちがもし、私自身のしたことを証しするのなら、それは委任された証人の役割とは違ったものになってしまったのです。使徒言行録には、使徒たちがしばしば「わたしたちはこのことの証人です」といっているのに接します。その内容は、主イエスがなさったこと、言われたことの証しです。私は敢えて申します。特に重要なのは、主が私にしてくださったこと、言ってくださったことの証人になることです。それが宣教ということの基本です。

ところで主は、「エルサレムばかりでなく、ユダヤとサマリアの全土で、また、地の果てに至るまで」と言われたのですが、聖霊降臨が起こった後も、エルサレムはともかくも、使徒たちは地の果てはおろか、ユダヤ、サマリアの全土にさえ勇ましく出かけて行くことはありませんでした。少なくともサマリア伝道はステファノの死を契機に起こった迫害を避けて、伝道者フィリポがサマリアへ行ったことに発しています。更に、ペトロがローマの百人隊長コルネリウスに伝道したのは、彼の本意ではありませんでした。その結果、本当の意味での異邦人キリスト者が誕生した時、エルサレム教会は主の御言葉の実現を喜ぶどころか、動揺し、拒否反応を起こし、聖霊の導きによって不承不承に認めたのです。

私はようやく、ルカが聖霊運動としての使徒言行録を書いたことの意図が解ったように思います。ルカは決して聖霊に満たされた使徒たちが、華々しい業績を挙げたことを書こうとしたのではなく、宣教は、救いの運動は、すべてにおいて、聖霊の働きであることを書きたかったのだと思います。ついでながら言うと、使徒言行録という題は不満です。せめて「使徒たちの働き」、「使徒たちの業績」としてほしいものです。しかしこの題自体、最初はなかったのです。もしルカ自身がつけるなら、ほかの題をつけたのではなかったでしょうか。

私はこれらのことから四つのことを教えられています。第一に、聖霊は確かに私を新しく生かす霊ですが、同時に主イエスを証しする霊であることです。これは二つのことではなく、ひとつのことなのです。第二に、聖霊は宣教の根底にある神の働きです。聖霊は宣教の場でのみ働き、宣教は聖霊によらずしては進むことがありません。宣教のあるところ聖霊は必ず伴います。私たちは聖霊を与えられたから証人として立つのではありません。主の委任により証人として立つ時、必要な知恵も力も言葉も、聖霊を通して与えられるのです。第三に、聖霊は個人に注がれるばかりか、共同体の中に働いています。そして個人に注がれる時も、共同体を建てる方向で働く以外ではありません。第四に、聖霊を受けるとは、異常な、非日常的な体験ばかりではなく、日常性の中における、聖霊に対する感性のことです。私たちは気づかず、見えず、感じないでいますが、聖霊は私たちの内に働いておられます。もし働いておられなければ、私たちはキリスト者として生きることはできません。教会もまた、聖霊がその中におられなければ、ひと時たりとも教会であることはできないのです。

私たちはこれらのことを覚えつつ、証人となりましょう。あなたは主イエスから、実にさまざまな恵みをいただいています。主は私に何をしてくださったか。拙い言葉でもこれを言おうではありませんか。その時聖霊は働いてくださり、共にいてくださることがわかります。

（一九九九年五月二三日）

〈聖霊降臨節第二主日礼拝〉

神の証し

その証しとは、神が永遠の命をわたしたちに与えられたこと、
そして、この命が御子の内にあるということです。

ミカ書七章八～一〇節

Iヨハネの手紙五章一～一二節（一一節）

聖霊降臨によって始まった教会、あるいは聖霊による救いの活動は、決して順調に進んだわけではありません。もちろんユダヤ教からの迫害も、ローマ帝国による迫害もありましたが、大きな問題は教会内に起こってきました。それは主イエス・キリストについての信仰を歪め、キリストの体である共同体を破壊してしまうものでした。私たちはそれをグノーシス主義と呼んでいます。この言葉はそのままの形では聖書の中に現れてきませんが、その片鱗はいくつかの文書の中に現れています。コリントの信徒への手紙、ヨハネ福音書の中にも見ることができますが、コロサイやエフェソの信徒への手紙、テモテやテトスへの手紙、そしてヨハネの手紙第一などがそれです。

しかし私たちは、これがグノーシス主義だというふうに体系立てて捕らえることはできません。なぜならグノーシス主義とはある種の教説ではなく、思想傾向といったものだからです。ですからこれに対して、キリスト教の信仰はこれだというふうにしか表現することができません。それにグノーシス主義は絶えず共同体の中に現れ、今にまで至っているのです。ただ大まかにこれだけのことは言えると思います。

グノーシス主義の考えによれば、第一に、この世界は悪であり、ほろぶべきものです。従って神の創造によるものでもなければ、世界全体の、宇宙全体の、神への回復などは考えられません。第二に、人は本来天的存在、神の子であったのに、この世界に投げ込まれ、自分を見失ってしまっています。それを見出せば、つまり霊的知識を受ければ救われるとされます。この知識がグノーシスです。第三に、キリストは人にこの霊的知識を啓発するために来られたのですから、霊的存在です。肉体をもって来られたのではなく、この世においてはイエスの肉体に仮に宿られたに過ぎません。従って十字架に死なれたのはイエスであって、キリストではないことになります。キリストは受難に先立ってイエスを離れ、神のもとに帰られました。第4に、この霊的知識を持つものは自由になります。このような考え方は一方において禁欲的な生活を生み出し、もう一方において、すべてのことは許されているという自堕落な生活へと導きました。こうした霊的知識を受けることは、きわめて個人的なことであるばかりでなく、一種の霊的傲慢を引き起こし、共同体を破壊することとなりました。その具体的な例は兄弟愛の軽視です。

こうしたグノーシス主義は今日どのような形で現れるでしょうか。私たちはこの世界全体も人間のすべても、神が創造されたと信じています。従ってそこには神の定められた調和と秩序があると信じています。その調和と秩序が保持されるために、すべてのものが従うべき神の命令があると信じています。しかしこの世界全体が悪だというのであれば、私たちは自分に都合の良いように変えてよいのだということになります。それだけの知識と技術を持っているのですから。その結果起こっているのは、世界全体の破壊と人間の生命の危機です。

私たちは、神に対する私たちの罪を知っています。それは決して無知のゆえでも、悟りが足りないからでもありません。そこからお互いの間に生じる罪と、私たちの心の中の罪責感とを知っています。それから解放され、神ともう一度結び直され、神と正しい関係に入らせていただくためには、主イエス・キリストの十字架と復活による救いが必要であることを知っています。しかし、主イエス・キリストの十字架も復活も必要がないというのであれば、私たちは依然として罪に捕らえられたままです。にもかかわらず、私は正しいと主張するなら、自分の中にだけでなく、人との間にも自然との間にも、罪を拡大させて行くことになります。私は前にある詩人が、二〇世紀を「殺人の世紀」と呼んだことを申しましたが、それは罪人が多かったからではなく、自分の正しさを主張する人が多過ぎるからではないかと考えています。太平洋戦争は日本では正義の戦いとされましたが、これは明らかにうそでした。しかし、ベトナム戦争は、アメリカの政府も国民も文字通り正義の戦争だと信じ込んでいたのです。そして湾岸戦争も、ユーゴに対する爆撃もです。

霊的知識が与えられること、聖霊を与えられることが、十字架と復活の救いにあずかることよりも重視されると、分裂が生じます。私は金田福一牧師のことを思い出します。ルターの贖罪信仰に学び、極貧の中から信徒伝道者となり、神学校に学ぶことなく牧師となられ、良い働きをなし、多くの感化を残された方です。私は霊的な方であったと思っています。ある時、聖霊を強調するキリスト教の団体から集会への誘いを受けられましたが、ついに行かれませんでした。その理由は、十字架の贖いと罪の赦しが希薄であったということです。

私たちは、神はこの世界と人類全体をひとつの共同体として造られたと信じています。人間の罪がその調和と秩序を破壊しました。神はそれをそのままに捨ててしまわれません。御自分の側に回復しようと、イスラエルという神の民の共同体を選ばれました。イスラエルがその任に堪え得なくなると、主イエス・キリストをお遣わしになり、新しい神の民キリスト者の群れをお立てになりました。しかし世界全体が個人主義に傾いて行くにつれ、キリスト者の群れも個人主義的になりました。いや、信仰も救いも個人に関することになってしまいました。従って聖書が示す倫理的な教えも個人の倫理として聞かれるようになりました。しかし聖書はすべてを共同体を建てる方向で終始しているのです。聖書が示す倫理は共同体の中での私たちのあり方です。ヨハネの手紙第一も同様です。

さて、兄弟とは、主イエスが弟子たち、信仰者たちを「わたしの兄弟」と呼ばれたことに発します。主イエスの兄弟なら、お互いも兄弟ではありませんか。私たちは親しくなったから、信仰を同じくするから、兄弟と呼ぶようになったのではありません。主イエスが兄弟として下さるからです。しかしここでは少し違った観点から見ています。私たちが兄弟と呼ぶのは、神から生まれた者だからです。同じ方から生まれたのなら兄弟ではありませんか。その根拠はイエスがキリストであると信じることです。イエスがキリストであるとは、イエス・キリストは主であるという言葉と共に、古い信仰告白のかたちでした。私は率直に申したい。その時「どんなキリストですか」と問う人は、ルカ一〇章二九節に出てくる律法学者の問い、「わたしの隣人とはだれですか」と同じことをしようとしているのです。

手紙の筆者は続けます。「生んでくださった方を愛する人は皆、その方から生まれた者をも愛します。このことから明らかなように、わたしたちが神を愛し、その掟を守るときはいつも、神の子供たちを愛します」（Ｉヨハネ五章一、二節）。同四章の後半で繰り返し述べているように、神が私たちを愛してくださった、私たちは神を愛します、それゆえ兄弟を愛します、というつながりは途中で切れたり、順序を入れ替えたりすることはできません。神を愛するとはどうすることなのでしょうか。礼拝を休まないことですか。多くの献金を捧げることですか。奉仕に励むことですか。筆者は端的に言います、「神の掟を守ること」と。どんな掟？同四章二一節は言っています、「神を愛する人は、兄弟をも愛すべきです。これが、神から受けた掟です」。

ところで兄弟を愛するとはどうすることでしょうか。私は同三章一八節、「子たちよ、言葉や口先だけではなく、行いをもって誠実に愛し合おう」という言葉を思い起こします。私たちはしばしば人間的な愛がもたらす満足感と混同してしまいます。しかし神の愛から発する兄弟を愛することは、人間的な愛がもたらす満足感とは何の関係もありません。もし満足感に基準をおくなら、私たちは多くの人を兄弟愛から排除することになるでしょう。私は、キリストにあって互いに受け入れること、仕え合うこと、高め合うこと、祈り合うこととして捉えています。

筆者は、「神の掟は難しいものではありません」(同五章三節)と言っていますが、本当にそうでしょうか。私たちは愛することの難しさをしみじみ味わっています。愛し得ない人、好きになれない人を愛することの難しさを嘆いています。なぜなら私たちが自我の捕らわれの中にはまり込んでいるからです。ルターはこう言いました、「あなたの敵の只中に神の支配がある。そのことに耐え得ないものは、キリストの支配を願わず、友人たちの只中にいようとし、悪人と共にいることを願わず、敬虔な人たちと共にいようとする者である。ああ、あなたたち、神を汚し、キリストを裏切る者たちよ。もしキリストがそのようになさったとすれば、一体誰が救われたであろうか」。それを可能にするのは、私たちに対する、私に対する、イエス・キリストにおける神の愛のみです。神が、キリストが、この罪に汚れた私を、愛し得ない私を、いかに愛してくださったかを信じることによってのみです。

筆者は「この方は、水と血とを通って来られた方、イエス・キリストです」（同六節）と言います。水は洗礼のこと、血は十字架です。なぜ水だけではなく、水と血によってと言われているのかと言えば、当時のグノーシス主義は、キリストはバプテスマのヨハネから洗礼を受けられた時、聖霊が降ったとして、十字架の死を認めようとしないからです。しかし私には、水と血とによってという言葉は抽象的なものではなく、具体的なものを表しているように思えます。つまり礼典としての洗礼と聖餐のことです。そして証しする方、霊、私はむしろ聖霊と言った方が分かりやすいと思います。聖霊は、この水と血、洗礼と聖餐の両方にかかっています。そういう意味で、証しするのは三者、霊と水と血です。この三者は一致しています。聖書の伝統では、証言は二乃至三人の承認の一致によって確認されねばならないからです。

私はこう理解しています。主イエスがヨルダン川でバプテスマのヨハネから洗礼を受けられた時、天が開けて聖霊が鳩のように主イエスの上に降り、同時に天からの声があって「あなたはわたしの愛する子、わたしの心に適う者」（マルコ一章一一節）と語られました。主イエスの神の子、メシアとしての宣言です。そのことは私たちが主イエスの名による洗礼を受ける時にも起こっていることです。洗礼は罪から洗い清めることとして理解されていますが、それ以上のことです。洗礼は私たちを新しく生まれさせます。洗礼は私たちに対する「これは私のものだ」という神の宣言です。洗礼は私たちを神の子とし、同時に洗礼は私たちを神の家族の一員、共同体の肢とします。洗礼において主イエスは、私たちを御自分の兄弟とされるのです。

そして聖霊はこのことを確認させます。聖霊は私たちを本当の悔い改めへと導きます。聖霊は私たちを新しくします。聖霊は父なる神を恐れなく「わたしの父」と呼ばせます。聖霊は私たちを、父なる神と御子キリストとの交わりの中に入れます。聖霊は私たちをキリストに従う歩みへと導きます。私たちは、神の家族となるためにはどうしたらよいかを考え、主の共同体となるためにはこうしなければならないのではないかと、自分にも他の人にもあれこれと要求する必要はありません。いや、それは傲慢な幻想です。それは必ずつぶれます。聖霊は私たちに、すでに神の子であること、主にあって兄弟であること、共同体であることを証しします。

私はこう理解しています。聖餐は私たちに主の十字架と復活の意味を、目に見える形で伝えます。主は私たちの罪の赦しが与えられていることの保証として、神のみもとに至る約束のしるしとして、復活されました。聖餐はそのことを表わします。聖餐は私たちが、神とキリストに結びつけられていることを確かにします。聖餐はもはやキリスト・イエスにおける神の愛から、私たちを誰も、何者も、私たちの罪すらも、引き離すことはできないことを示します。聖餐は私たちの内に、イエス・キリストの命が生きていて下さることを確信させます。聖餐は私たちがひとつの体であること、共同体であることを認識させます。私は聖餐にあずかる資格がないと言うことも、あの人とは一緒に聖餐にあずかりたくないと言うことも間違っています。共に主イエスの十字架による罪の赦しにあずかっていること、それが私たちをキリストと結びつけ、また互いに結びつけられていることを思い起こしましょう。私は、聖霊と水と血、聖霊における洗礼と聖餐が、私たちの救いについての神の証しであると信じています。
筆者はこう言います。Iヨハネ五章一一、一二節です。「その証しとは、神が永遠の命をわたしたちに与えられたこと、そして、この命が御子の内にあるということです。御子と結ばれている人にはこの命があり、神の子と結ばれていない人にはこの命がありません」。そこで私たちはこう告白します。「我は聖霊を信ず。聖なる公同の教会、聖徒の交わり、罪の赦し、身体《からだ》のよみがえり、永遠《とこしえ》の生命《いのち》を信ず。アーメン」。

(一九九九年五月三〇日)

〈聖霊降臨節第三主日礼拝〉

神の子たち

民数記一一章二四～三〇節

そうすれば、とがめられるところのない清い者となり、よこしまな曲がった時代の中で、非のうちどころのない神の子として、世にあって星のように輝き、命の言葉をしっかり保つでしょう。こうしてわたしは、自分が走ったことが無駄でなく、労苦したことも無駄ではなかったと、キリストの日に誇ることができるでしょう。

フィリピの信徒への手紙二章一二～一八節（一五、一六節）

皆さんは、模範的キリスト者という言葉を聞いたら、どんな人を思い浮かべられるでしょうか。そんな人はいないとお考えでしょうか。あれこれの特徴を挙げられるでしょうか。礼拝を休まない人、多くの献金をささげる人、毎日聖書を読む人、立派なお祈りをする人、忠実に教会での奉仕をする人、決して見栄を張ったり自慢したりしない人、誰にでも親切で優しい人、などなど。中にはそうした模範的キリスト者を目指して努力している方もおありでしょうが、多くの方は、私は模範的キリスト者などにはなれそうにもない、それでも神さまはよしとして下さるのではないだろうか、主イエスは愛して下さるのではないだろうかと、思っておられるのではないでしょうか。

戦争は人を変えました。多くの人が戦争体験、戦後体験の中から、神学校に入ってきましたが、私自身は戦争体験、戦後体験の中で、何人かの神学校の同僚先輩を失いました。戦後一年ほどして、何人かの人々が神学生の寮に集まりました。「やあ、生きていたのか」「無事だったのか」と旧交を温める中で、一人が言いました、「私は今、主イエスが愛された人と同じ仕事をしています」。何と彼は税務署の役人になっていたのです。牧師になる道を放棄した人もありましたが、中には信仰を失った人もありました。

混乱する世相の中で、新しい人間像が求められていました。もはや今までのような忠君愛国型、立身出世型の人間像は求められるはずがありません。そうした中で私たちも新しいキリスト教的人間像を得たいと思いましたが、それは幻想でしかないことに気づかせられたのです。昭和三〇年代の初めのことです。

考えてみると主イエスの弟子たちでさえも、模範的キリスト者には縁遠い人たちでした。その後の教会も数々の試行錯誤を繰り返してきました。いたずらに律法主義的になった時もあり、あまりにも世俗的になってしまった時もありました。今はどうなのでしょうか。ある本に、「現代のキリスト者は『道徳的に正しいことと、明るく快活であること』が基準だと考えているのではないだろうか」とあるのを見ました。私は日本ではこれに「中庸」を加えることになるだろうと感じています。つまり「すべてはほどほどに」ということですから、何ともあいまいな言葉です。

私たちは、信仰とは単に精神的な問題ではなく、このことを信じるという時、それは私たちの生きることとかかわりを持っているのだと捉えています。従って私たちが、「我は天地の造り主、全能の父なる神を信ず」という時、それは私たちのあり方生き方にとって意味を持つものとなります。パウロはこの点については明確でした。例えば、私たちはローマ一二章以下の、いわゆるキリスト者の倫理と呼ばれる部分を見る時、これがパウロの考えている模範的キリスト者像だと誤解してしまいますが、これはパウロが示す共同体の中でのあり方のことです。決して律法でも、規範でもありません。

私が明確だと言ったのは、ローマ一章五節、「わたしたちはこの方により、その御名を広めてすべての異邦人を信仰による従順へと導くために、恵みを受けて使徒とされました」という言葉です。彼はあいまいな、あるいは疑わしいような模範的キリスト者像など掲げません。端的に、「信仰による従順に至らせる」と言います。いや、信仰による従順というふうに訳すべきか、原文のまま、信仰の従順、あるいは信仰の服従とすべきではないでしょうか。信仰とは、私たちの側の熱心さや、神や救いについての知識の確かさで測れるようなものではなく、神の恵みのわざであり、賜物です。従って信仰は私たちにおいては、神への信頼に外なりません。そして私たちが神に信頼するなら、そこには必ず、従順、服従が伴うのです。このようにして私たちは、神とのほんとうに正しい関係におらせて頂くこととなります。

神への信頼は主イエス・キリストの福音を聞くことにおいて起こり、神の言葉への信頼はそれに聴き従うことへと至ります。私たちへの神の言葉は主イエス・キリストを通して語られているのですから。信仰の従順とは主イエス・キリストを主とすることであり、主イエス・キリストに従うことなのです。信仰の従順という言葉をもってローマの信徒への手紙を始めたパウロは、一六章二六節、信仰の従順をもってこの手紙を終わるのです。

私は最近興味深い話を聞きました。アメリカでW・W・J・Dと記されたブレスレットが大流行し、日本にも入ってきているとのことです。これは What would Jesus do? 主イエスならどうなさる? の略です。さまざまな状況に出会う時、主イエスならどうなさるだろうと問うことにより、自分のあり方は決定されてくるというわけです。ことの起こりは、数年前ミシガン州の片田舎にあるバプテスト教会の青年たちが始めたということです。それがアメリカ中に広まり、おびただしいブレスレットが売れ、今ではほかの品物にもW・W・J・Dのロゴがつくようになったというのです。私はこれがアクセサリーの流行で終わらないことを願いますが、同時に私たちもアクセサリーと笑い飛ばしてしまわないで、これを信仰の従順への指示として受け取りたいのです。かつてイスラエル民族は、申命記六章四、五節のシェマー「聞け、イスラエルよ。我らの神、主は唯一の主である。あなたは心を尽くし、魂を尽くし、力を尽くして、あなたの神、主を愛しなさい」を、指示通り心に留め、子供たちに教え、朝夕唱え、羊皮紙に記したものを革のケースに入れて腕に額に結びつけ、戸口の柱にも打ちつけ、今日にまで至っています。それを思えばブレスレットも悪くないかもしれません。

私は模範的キリスト者などというものは存在しないと考えています。私たちは、自分に対しても、他の人に対しても、こんな人になりなさいとは言えないのです。私たちはそれぞれがまったく個別的に置かれた状況の中で、信仰の従順へと導かれています。私は多くのキリスト者が、模範的キリスト者の幻想に惑わされて、成功しなければならない、失敗してはならない、失敗は神の栄光を汚す、と考えていることを残念に思います。問題は成功か失敗かではなく、信仰の従順なのです。私たちは、成功よりも失敗の中でより多くのことを学び、人は成功の物語よりも、失敗を率直に詫びることの中で感動を受けるのです。

さて今日与えられているフィリピ二章一二節以下は、この信仰の従順に基づいています。パウロはすぐ前の六～八節において、主イエスの神への従順を示しました。私たちの信仰の従順はここに発します。そう考えると五節「互いにこのことを心がけなさい。それはキリスト・イエスにもみられるものです」を一～四節に結びつけるのではなく、六節以下に結びつけ、キリストの従順において神は彼を私たちの主としてお与えくださり、イエス・キリストは主であるとの信仰告白から、私たちの従順へと至ることになります。

ある人は一二節の従順をパウロへの従順と取っていますが、私はやはり信仰の従順と受け取りたく思います。とはいえ、パウロへの従順をまったく含んでいないと言えばうそになります。なぜならパウロも神の言葉を取り次いでいるのですから。私はIテサロニケ二章一三節「わたしたちは絶えず神に感謝しています。なぜなら、わたしたちから神の言葉を聞いたとき、あなたがたは、それを人の言葉としてではなく、神の言葉として受け入れたからです。事実、それは神の言葉であり、また、信じているあなたがたの中に現に働いているものです」の言葉を思い出さないわけにはいきません。パウロは神の言葉を語りました。多くの人はそれをパウロの言葉として聞くことが多かったのです。ところがテサロニケの人々はそれを神の言葉として受け入れました。受け入れるということは聴き従うことです。こうして神の言葉はテサロニケの群れの中に働くものとなりました。私は現代の教会の中で、こうしたことは起こりにくいことを知っています。そのことが「私の言葉に従ってほしい」と言うことをためらわせます。しかし、心の中ではそうなることを願ってもいます。

現代人にとって、従順、服従という言葉は不人気です。自主性、主体性ということが好きなのです。しかしこうした信仰の従順だけが救いの達成に至らせる道です。なぜなら救いのみわざをなさるのは神だからです。フィリピ二章一三節はそのことを示します。「あなたがたの内に働いて、御心のままに望ませ、行わせておられるのは神であるからです」。私たちは、自分が求めたのだ、自分が望んだのだ、自分が主体的に行動しているのだと思っています。しかし、求める心を起こさせ、志を立てさせ、行動するようにさせておられるのは神なのです。成就させて下さるのも神なのです。神はすべてのことを救いの達成という方向で、押し進めておられるのです。私たちが「全能の神を信ず」と言う時、そのことを指しているのです。

そうであれば「何事も、不平や理屈を言わずに行いなさい」（同一四節）。理屈と訳された言葉は、意見、意志という意味から、議論とも訳されます。つまり自分の考えがあるのです。納得できないのです。そうすると行動は鈍くなり、従っているようでありながら反抗し、迷いに落ち込むのです。私たちがなすべきことを忘れたり、いたずらに先伸ばしにしたりするのは、ボケのせいでも、忙し過ぎるからでもなく、したくないからのことが多いのです。私たちの神への信頼がある時、私たちは聴き従うことを可能とされます。同一五節の「清い者」と訳された言葉は、道徳性とは何の関係もありません。素直とか、純真とかいう意味です。しかしこれは生来のものではありません。神への信仰の従順において得られるものです。

私たちは一五節の「神の子」という言葉に注目しましょう。神の子、ここでは複数なので神の子たち、この呼び方は旧約聖書から来ています。選民イスラエルは養子にされたという意味で、神の子と呼ばれました。確かにそれは恵みではありましたが、それだけにいつも隔たりが伴いました。しかし主イエスは、自らを神の子として示されると共に、弟子たちをも、神から生まれたという意味で兄弟と呼び、従って神の子たちとして扱われたのです。私たちは、信仰的道徳的に自分が立派になり、正しくなったので神の子と呼ばれるようになったのではなく、ただ主イエス・キリストのゆえに私たちを神の子としてくださったのです。

ローマ八章一四～一六節は言います、「神の霊によって導かれる者は皆、神の子なのです。あなたがたは、人を奴隷として再び恐れに陥れる霊ではなく、神の子とする霊を受けたのです。この霊によってわたしたちは、『アッバ、父よ』と呼ぶのです。この霊こそは、わたしたちが神の子供であることを、わたしたちの霊と一緒になって証ししてくださいます」。更にIヨハネ三章一、二節にはこうあります、「御父がどれほどわたしたちを愛してくださるか、考えなさい。それは、わたしたちが神の子と呼ばれるほどで、事実また、そのとおりです。……愛する者たち、わたしたちは、今既に神の子ですが、自分がどのようになるかは、まだ示されていません。しかし、御子が現れるとき、御子に似た者となるということを知っています」。

私たちはここで二つのことを確認したいと思います。ひとつは私たちは既に神の子であるという事実です。私たちには何の功績もなければ、資格もありません。ただ神の子主イエスのゆえに、神は私たちを神の子として下さり、私たちによって御自分が、アバ、父よと呼ばれることをお嫌いにならないばかりか、そうするようにと言われます。もうひとつは、私たちはなりつつある神の子であると言うことです。

パウロは救いということを個人の問題に限りませんでした。彼は救いを、全被造物に及ぶものと受け止めています。そしてそのためには神の子たちの出現が切望されています。この時の神の子とは、信仰の従順に生きる者たちのことでしょう。今や全被造物はそのために呻《うめ》いています。一方神の子たちも体の贖《あがな》われること、神の子としての救いを成就してくださることを願って呻いています。更にそのことのために、弱い私たちを助けようとして、聖霊も呻いてとりなしの祈りをしてくださるのです。

フィリピの信徒への手紙二章一五、一六節はこう告げているようです。このよこしまな曲がった暗黒の世代は、神の子たちによって支えられています。従って神の子たちが命の言葉をしっかりと保つなら、この世にあって星のように輝きます。そのような神の子たちがいるかぎり、この世は希望を持つことができます。パウロは確信しています。キリストの日までに、神はそのことをなし遂げてくださる、と。だから、信仰の従順に生き、命の言葉をしっかりと保ちなさい、と。

阪神淡路大震災から既に三年半。多くのボランティア・グループがその活動を終わったとは言え、まだ復興し得ない部分、いやされない傷があることは事実です。兵庫教区が最初、地域の復興なくして教会の再建なし、としたのは正しかったのです。しかし、やがて地域の人々の後押しもあって教会が再建し、そのことによって地域の復興が力付けられる面も現れました。そのことを思うにつけても、信仰の従順に生きる神の子たちの出現が、この世代の希望として待たれていることを思わずにはおられません。神の子として、この世に希望の星のように輝くために、命の言葉をしっかり保ち、信仰の従順に生きようではありませんか。そのことが私たちの救いの達成にも至る道なのです。

（一九九九年六月六日）

［伝道礼拝説教］

出会いの贈り物

少年サムエルはエリのもとで主に仕えていた。そのころ、主の言葉が臨むことは少なく、幻が示されることもまれであった。ある日、エリは自分の部屋で床に就いていた。彼は目がかすんできて、見えなくなっていた。まだ神のともし火は消えておらず、サムエルは神の箱が安置された主の神殿に寝ていた。主はサムエルを呼ばれた。サムエルは、「ここにいます」と答えて、エリのもとに走って行き、「お呼びになったので参りました」と言った。しかし、エリが、「わたしは呼んでいない。戻っておやすみ」と言ったので、サムエルは戻って寝た。主は再びサムエルを呼ばれた。サムエルは起きてエリのもとに行き、「お呼びになったので参りました」と言った。エリは、「わたしは呼んでいない。わが子よ、戻っておやすみ」と言った。サムエルはまだ主を知らなかったし、主の言葉はまだ彼に示されていなかった。主は三度サムエルを呼ばれた。サムエルは起きてエリのもとに行き、「お呼びになったので参りました」と言った。エリは、少年を呼ばれたのは主であると悟り、サムエルに言った。「戻って寝なさい。もしまた呼びかけられたら、『主よ、お話しください。僕は聞いております』と言いなさい。」サムエルは戻って元の場所に寝た。主は来てそこに立たれ、これまでと同じように、サムエルを呼ばれた。「サムエルよ。」サムエルは答えた。「どうぞお話しください。僕は聞いております。」

サムエル記上三章一〜一〇節

その翌日、イエスは、ガリラヤへ行こうとしたときに、フィリポに出会って、「わたしに従いなさい」と言われた。フィリポは、アンデレとペトロの町、ベトサイダの出身であった。フィリポはナタナエルに出会って言った。「わたしたちは、モーセが律法に記し、預言者たちも書いている方に出会った。それはナザレの人で、ヨセフの子イエスだ。」するとナタナエルが、「ナザレから何か良いものが出るだろうか」と言ったので、フィリポは、「来て、見なさい」と言った。イエスは、ナタナエルが御自分の方へ来るのを見て、彼のことをこう言われた。「見なさい。まことのイスラエル人だ。この人には偽りがない。」ナタナエルが、「どうしてわたしを知っておられるのですか」と言うと、イエスは答えて、「わたしは、あなたがフィリポから話しかけられる前に、いちじくの木の下にいるのを見た」と言われた。ナタナエルは答えた。「ラビ、あなたは神の子です。あなたはイスラエルの王です。」イエスは答えて言われた。「いちじくの木の下にあなたがいるのを見たと言ったので、信じるのか。もっと偉大なことをあなたは見ることになる。」更に言われた。「はっきり言っておく。天が開け、神の天使たちが人の子の上に昇り降りするのを、あなたがたは見ることになる。」

ヨハネによる福音書一章四三〜五一節

今日は聖書の箇所を二箇所、旧約と新約とを読んでいただきましたが、いつも教会の礼拝では旧約と新約とを一箇所ずつ読むという習慣にしています。これは、私たちの信仰というのは、新約だけでなく、旧約の土台の上に立っているのですから、そういう意味で新約だけではなくて、旧約も読むということが大事なことだとそう思っているからです。私たちが何故信ずるようになったか。皆さんそれぞれ教会に行っていらっしゃる方ばかりですが、どうか皆さんもそれで自問自答して見ていただきたい。私はどうして、何故信仰に入るようになったのか。「私は生まれた時から信仰に憧れていましたから、洗礼を受けました。」と言う方があるかも知れませんが、私はそれはほんとうではないというふうに思っております。唯、漠然とした、大いなる方への畏敬というようなものはあるかも知れませんが、それはキリスト教の信仰とは別なことです。

私は、端的に言って、自分の身近に信じる人がいたからというふうに考えております。その信じる人というのはある場合には、両親であったり、或いは夫であったり、妻であったり、自分の兄弟、姉妹であったり、ある時には、先生とか友人というような場合もあるかと思います。ひょっとすると自分の娘や息子ということもあると思います。そういう身近な信じる人たちがおりましたので、神を知り、またキリストを知るようになったのです。それに付随して他の色々の事柄が起こって、というのが信仰に入る一つのきっかけだったと思います。

ところが、信仰というのは、教え込むことも譲り渡すこともできないのです。私たちは、よく教えてもらうということを言いますけれども、しかし、教えてもらって信仰に入るということはまずないのです。それから自分の子供なら自分の子供に信仰を譲り渡すということも、実はできないのです。良く言われるのは、信仰の遺産ということを言います。私には財産は無いけれども、私の信仰だけは是非譲りたいというふうに私たちは思います。それは偽りのないところですけれども、かと言って「信仰だよ」と言って譲り渡すということは出来ないです。従って、親が信仰者であったら、必ず子供は信仰者になるとは限らないのです。また、牧師の子供は、必ず牧師になるというようなことも、決まったことではないのです。牧師の子供が牧師にならないと、「あの先生はやっぱり教育が悪かったのではないか」とこんなふうに言うのですけれど、それはほんとうではありません。これはその人自身に神の召命があったかどうかということが問題です。召命があったとしても、本人がそれに応ずるかどうかが問題なんです。

私も子供が、三人おりますが、幸いに三人とも現在は洗礼を受けております。一番下の子供は、教会学校には小さい頃から行っており、大体高校を卒業するまでは、きちんと教会に行っておりました。小学校の頃は自分は牧師になるべきではないかということを考えていたようです。教会学校で、私はその時に居合わせなかったのですが、「おい、光、今度の日曜日に教会学校の礼拝説教するか」と言ったら「する、する」と言ったのだそうです。それで、何を話したかと言うと、後でその先生から聞いたのですが、ノストラダムスの大予言のことなんかをしゃべったそうです。途中で「おれ、わかんなくなっちゃった」と言って降りたそうです。ですから、他の人達も「この子は牧師になるのではないか」と思ったらしいですが、中学に入りました頃から「牧師の息子だからといって何も牧師にならなくってもよいのだ」というふうに思うようになったようです。高校に三年間過ごしまして、自分のしたいことをしていましたが、教会学校の高校生会には、実に良く出ておりました。高校を卒業する少し前だったと思いますが、「僕は洗礼は受けないよ」と宣言をしました。「まあ、その時が来ればそうなるさ」というようなことでありました。

大学は同志社に行ったのですけれども、私は「神学部を受けてもいいんだよ」と言ったのですが、「ああ、分かっている」と言っただけで、さっさと文学部に入ってしまいました。のんびりと大学を出まして、まだしたいことがあると言うので、京都に残っておりました。私どもは、この子は考え方や、行動の仕方はキリスト教的だけれども、おそらく洗礼は受けないであろう、というふうに思っておりました。大学を出てから二年、三年程何をしていたか分かりませんが、あまり心配する必要の無い子でした。アルバイトをしたり、塾の先生をしたりというようなことで、いたようです。「もう、そろそろ京都の生活も長くなるから引き上げてくる。自分のこれからの人生をきちっと決めなければならない」ということで、帰ってくると思って待っていましたら、突然、電話が掛かってきまして「俺、神学部に行くことにした」。まだ洗礼を受けてないのですから、お世話になった神学部の先生のところに話をしに行きましたら「お前は遅いんだよな。早く帰って洗礼を受けてこい」と言われた。そして帰って来まして、洗礼を受けました。どうして、神学部に行くようになったかと言いますと彼の言葉によれば、キリストが、「お前、神学部に行け」とおっしゃった、それだけなんです。自分ではそんなこと考えてもいなかったし、そろそろ行かなければならないのではないかと思ったわけでもない、突然神学部に行け、こういうふうに言われた。彼は、それ以外のことは、何もしゃべりませんで、神学部を出まして、現在は愛媛県の田舎の小さな教会、長年無牧だった教会に行きまして、そこで仕事をさせていただいております。ですから牧師になるかどうかという事柄は、教育の仕方やなんかの問題ではなくて、神から「お前、これをやれ」というふうに言われるかどうか、そう言われた時に、それに応ずるかどうかということだと、私は思っております。

実は、教会ではいろんな事柄を教え込むということが、非常に盛んです。これは日本だけではありませんで、欧米の教会でも非常に教えこむという事柄が盛んです。そして、聖書は真理ですからそれは教えなければならない、というふうに思っております。多分、皆さん方も自分の子供さん方に、信仰のことを話をすると、それは教えようという形になると思います。そういたしますと聖書の知的な理解が、信仰とすり替えられてしまう。だから、聖書について、非常に知っていると、あの人は、信仰がとても深いのだなあ、と思ってしまう。しかし知的な理解、知識というものと、信仰とは、決して同じではないのです。けれどもそんなふうな傾向が強いものですから、クリスチャンは教えたがり屋になります。これは、牧師が教えたがり屋ですから、信者の方も皆さん教えたがり屋になるのは、ある意味においては当然のなりゆきです。

しかし、先程申しましたように、信仰は、教え込むことも譲り渡すことも出来ないものです。もう、亡くなられた方ですけれども、エミール・ブルンナーという、ドイツの神学者の方がおられました。カール・バルトも有名ですけれども、このエミール・ブルンナーも、非常に優れた神学者でありました。一寸、カール・バルトとは立場が違うので、しばしば論争をしまして、有名になりました。このブルンナーが書きました本、一九四九年に書いたものですが、『聖書の真理の性格』（YMCA出版）という題のもので、副題がついていまして〈出会いとしての真理〉、そういう題です。ブルンナーは、聖書の真理は出会いだと言うのです。どうも聖書の真理と申しますと何かキリスト教の教理のようなものと、私たちは考えてしまいますから、そういう教理を教えるというような形になります。しかし、ヘブライ的な考え方、つまり聖書そのものの考え方によりますと、真理というのは言葉なのです。そして、言葉というのは、ただ単なる知識の集積ではありませんで、言葉は活動の主体なんです。活動そのものと言っても良いと思います。イザヤの言葉の中に、

わたしの口から出るわたしの言葉も

むなしくは、わたしのもとに戻らない。

それはわたしの望むことを成し遂げ

わたしが与えた使命を必ず果たす。(五五章一一節)

というのがあります。従って、言葉というものは、言葉では終わらず、必ず出来事になるのです。そういう点から申しますと、聖書の真理とは、イエス・キリストの救いの出来事なのです。出来事にならないような真理とは、真理ではありません。

ここで、一寸言葉を補っておきますが、キリスト教の真理というものは、二つの性格をもっています。一つの性格は、誰が信じようと信じまいと、或いは誰が否定しようと、真理は真理であることに変わりはない。つまり、それ自体が真理なので、「私は認めないよ」と誰か偉い先生が言ったら、ああやっぱり真理でないのかなということにはならない。誰が信じようと、誰が信じまいと、やっぱり真理は真理、これが聖書の真理の一つの性格です。

もう一つの性格は、その真理は、それを聞いた人がその真理に生きなければその人にとってそれは真理とはならない。こういう性格をもっています。ですから真理は出来事になるわけですから、私たちはその救いの出来事に出会うのです。知的に頭で理解するのではありませんで、その救いの出来事に出会う。私たちはその出会いにおいて信仰を与えられるということになります。先程、私たちが信仰に入ったのは、信じる人がいたからだということを申しました、その信じる人の中に出来事になっている救い、それに私たちは出会いますと、それを私たちは受け取ると言うか、信じるように導かれるというふうになるのです。ですから、教理のようなものを聞いて、頭で理解して、なるほどそういうことですか、それならなんとか分かる気がしますというふうな事柄ではありません。そして、私たちが、そういう出来事に出会いますと、その事自身が、私たち自身の中で出来事になっていく。そういう意味で、信仰とは出会いの贈り物だと、こういうことになります。

私は、神との出会い、あるいはキリストとの出会いということについて、四つの事を心に止めさせられております。

第一は、人が、何時、真理つまりキリストの出来事、或いは神の出来事と出会うかということは、誰も決めることができません。だとしますと、まだ子供だからとか、あの人にはまだ早いとか言うのは間違っているということになります。私は恐らく二歳の幼児でもやっぱり救いの出来事、あるいはキリストに出会うということは起こると思っています。まだうちの子供は小さいから、もう少し後でも良いであろう、そういうことは言えないのです。高校生位になったら、少しは考えるのではないかな、そうではないのです。何時出会うかは、誰も決める事は出来ません。

第二番目、神は、あるいはキリストは、人と出会うことを望んでおられます。出会うべく待っておられます。私たちの方から、勿論出会うように進んでいかなければならないのですけれども、しかし、神様の方から、或いはキリストの方から出会うということを望んでおられるし、出会うことを待っておられます。しかし、人は出会おうともせず、或いは出会っているのに、気が付かないということもあるということは事実です。先程、息子のことを申し上げましたけれども、恐らくこのキリストから、お前は、神学部に行け、と言われた時が、初めての出会いの時ではない、もっと前から出会っていたのだけれども、彼自身はそれに気がつかなかったのだと私は思います。

第三番目に、人は自分で出会いを作り出すことは出来ないということです。つまり、この出会いを作り出されるのは、神であり、キリストなのですから、私たちがその神やキリストに代わることはできないのです。また、そういう気分にさせるということもできないのです。

第四番目、しかし人はある人を神に、或いはキリストに出会う機会を備えることは出来る。出来ると言うよりもそういう機会を備えることは、私たちがいつも考えていなければならないことになります。

聖書はこうした出会いの機会を備えた二人の人を記しております。一人が先程読んでいただきましたサムエル記上の三章に出てきますサムエルの先生であったエリ、祭司であったエリです。この話は皆さん良くご存じと思います。「祈る少年サムエル」という、有名な絵もあります。この少年サムエルが、当時の聖所がありましたシロの祭司エリの元に預けられたのが、何歳位だったかは分かりません。サムエル記上一章二三、二四節を見ますと、そこには「ハンナは、とどまって子に乳を与え、乳離れするまで育てた。乳離れした後ハンナは、献げ物とともにシロの主の家にサムエルを連れて行った。」とあります。乳離れと言うのですから、恐らく三歳位なのではないだろうか、そんなふうに私は考えております。三章の方では少年というふうに書かれています。少年サムエル、この時期は一〇歳前後頃と考えて良いのではないかと思います。ここのところは、非常に興味の深いところなんですが、三章の初めのところ、「そのころ、主の言葉が臨むことは少なく、幻が示されることもまれであった。」と書いてあります。ということはこの時期には、信仰が冷えかかっていた状況にあった事を示しております。ただ、三節に「まだ神のともし火は消えておらず、サムエルは神の箱が安置された主の神殿に寝ていた。」とあります。この神のともし火というのは、聖所の中に入れてあります常夜燈、夜の間火が消えないようにずーっと灯し続けておるものです。しかし、ここではこの神のともし火は消えておらずと言うのはこれは、やっぱり信仰はそこでは燃えていた、残り火だったかも知れませんけれども、まだあったのだということを、私たちに想像させるようであります。恐らくサムエルは、ともし火が消えないようにそのともし火の側で寝ていたということ、つまり、神殿の中の祭司の下働きのようなことをしていたようです。エリは、決して良い先生ではありませんでした。今日読んだところにはありませんが、少し後のところに息子たちの神を畏れぬふるまいを止める事をしなかったとあります。恐らく止め得なかったのだと思います。その事の故に、後にサムエルを通してエリは、神の裁きを受けます。そういう意味ではあまり良い先生ではなかった。

　ところでサムエルは、神に呼ばれます。しかし、彼は神から声を掛けられることを経験したことがありませんから、それは先生のエリが呼んだのだと思って、エリの元へ駆け付けるのですが、エリは呼んでいないと答えました。三度目になって、さすがのエリも気がつきました。そしてこう言うのです。「もし、また呼びかけられたら、『主よ、お話しください。僕は聞いております。』と言いなさい」。こうして彼は神との出会いを経験いたします。そして神の言葉は出来事となるのです。もし、エリが出会いの機会をそなえなかったら、或いは妨害したら、後のサムエルはなかったと思います。つまり、エリが三度もサムエルがやってきて「お呼びになったのできました」とこう言っても、毎回「いや、呼んでないよ」と答えるだけだったら、サムエルは恐らく神の声を聞かないと言うか、神の言葉に出会うことがなかったでしょう。

こういうふうに考えてみますと、出会いという事柄は、直接神の言葉を聞くという事柄によって起こります。それ以外では起こらないのです。私たちにとりましては、神の言葉というものは、勿論思いがけない時に私たちの中に響いてくるということはあります。ありますけれども、しかし、聖書を通して神の言葉は私たちに語られています。ですから私どもは聖書を読むと言うときにも、実は聖書において、神の言葉に出会う、出会うように読まなければならない。ですから、ただ単に研究をすると言うだけでは、神の言葉に出会うということは起こってこないのです。ところが、私たちは、教え込もうといたします。教え込むということは、自分の言葉を相手に聞かせるということです。しかし、そういたしますとそこでは神の言葉と自分の言葉のすり替えが起こってしまう。人は、そういう意味では自分に語られている神の言葉を聞くようにされるべきなのです。

前にも南沢家庭集会では、申した事があると思うのですけれど、聖書の言葉というものは、聖書を対象にしまして、それを研究する、あるいは聖書の言葉を勉強するというような姿勢だけでは、充分ではありません。私は今までもずーっと聖書研究会をしてきました。聖書研究会は牧師が主催する。皆さんは皆さんでやっておられますが、この場合には、牧師が研究してきたものを皆さんにお話しする。皆さんは、「ああ、なるほどそういう意味ですか」、「ああ、分かりました」というふうになって、知識として、頭に蓄えられる。けれども本当はそうではないのです。聖書の学びという事柄の意味は、自分で聖書を読んでみようという気持ちが起こるということなんです。私は、聖書を読む、一緒に学ぶという事柄は、そこで私もお話をするのですけれども、「ああ、聖書とはこんなに面白いものか、読んでみよう」というふうに、つまり、自分が聖書を読む事への、一つの手掛かり、手引きという事柄にすぎないと考えています。そして、人が直接自分に語られている神の言葉を聞きますと、そこで出来事が起こり、出会いが生じて、信仰が始まるのです。

今日、こういうふうに神の言葉が、教会で聞かれるということは、実はなかなか起こりません。ところが教え込むことが非常に盛んですから、どうしても自分の言葉を聞かせようとする、自分の考えを聞いてもらおうとする。しかし神の言葉というのは、いつもある意味においては命令ですから、それを私たちが受取りますと、そこに一つの出来事が起こるのです。こういうふうに私たちが聞くという事柄が、教会においても、非常に重要なことになるのです。正にサムエルは、神殿において、神の言葉に出会ったのです。「僕は聞いております。お話しくださいこう言ってお話しを聞き、彼はそれをそのまま受け取る、そして、神が言われた通りに行動するのです。

もう一人は、フィリポでして、先程読んでいただいたヨハネ一章四三節以下のところが、そのことを示しております。フィリポは、主イエスに、出会います。そして、「わたしに従いなさい」というふうに言われた。彼は、そう言われましてから、すぐに友人ナタナエルに会うと、「モーセが律法に記し、預言者たちも、書いているナザレの人イエスに出会った」と申します。ナタナエルの答えは「ナザレからなんの良いものが出るだろうか」というのでした。このナタナエルという人は、ガリラヤのカナの出身だったと書いてあります。ナザレとカナとの間は七キロ位離れています。まあ、隣町と言っても良いと思います。

ところが、ナザレという村は、旧約聖書の中に、一度も登場しない村なのです。それだけではありませんで、他の色々な文献と言うと大袈裟すぎますけれども、歴史家のヨセフスが、『ユダヤ古代誌』という本を書いているのですが、その古代誌の中にイスラエルの村の名前のリストが載っているのですけれども、そのリストの中に入っていないのです。それからユダヤ教の非常に大きな文献にタルムードと呼ばれているものがあります。これはラビたちが、何百年にわたって語り伝えてきたものが、全部まとめてあるのです。膨大なものでありますけれど、その中にガリラヤの町のリストがあるのですが、その中にもナザレは出ていません。

ですからナザレというのは、本当に取るに足りない町であったのです。恐らく、ナタナエルはカナの出身ですから、カナの町の方が良いと思っていたと思います。「ナザレから何か良いものが出るだろうか。あんな所からそんなすぐれた人物が出ることは有り得ないよ」というわけです。恐らくカナの住人であったナタナエルは、隣村というので、やっぱり意識をしていたのだと思います。つまり、ナタナエルには、ナザレなんか顧みる必要はないと思われていたのだということだと思います。

ひばりが丘は、東京都であります、私は国分寺に前おりまして、国分寺から東所沢に移ったわけです。そこで、教会を始めたわけですけれど、私が国分寺から東所沢に移ると決めました時、ある方が「先生、いよいよ都落ちですね」と言われました。なにしろ川一つ隔てますけど、あそこは埼玉ですから、「所沢から、なんの良きものが出てくるか」。私はナザレにも、カナにも昨年イスラエル旅行で行って来ましたけれど、現在はナザレの方が大きな町になっています。カナは、ほんとに寂れた所になっています。

その時、このフィリポは言うのです。「来て、見なさい」。これはわざわざ区切ってあるのです。見なさい、ですからこの言葉の感じは、「来なさい、そして、見なさい。」というようなふうにでも言えば、少し感じが掴めるかと思います。簡単な「来てごらんよ」というのとは違います。そして、ナタナエルは主イエスに出会います。出会いまして、「あなたは神の子です。」とこういうふうに告白をいたします。主イエスは「いちじくの木の下にあなたがいるのを見たと言ったので、信じるのか。もっと偉大なことをあなたは見ることになる。はっきり言っておく。天が開け、神の天使たちが人の子の上に昇り降りするのを、あなたがたは見ることになる」と申しました。つまりフィリポはナタナエルに、主イエスに出会う機会を備えたのです。そして、出会いは出来事を引き起こし、さらに出会いの出来事は続いていきます。

後にヨハネ福音書では、カナで最初のしるしを行われたことが記されています。婚礼の席で、水をぶどう酒に変えられた、ということをなさったということが出てまいります。カナには現在婚礼教会があります。あんまり大きい教会ではありませんけれども、しかし、なかなか立派な教会であります。そこはいろんな人が訪れます。その婚礼教会に行く途中の道端にナタナエルの教会があります。そこは見るような所ではありませんので、閉めてありますけれど、しかし、ナタナエルの教会がひっそりと建っています。つまり、フィリポが主に出会い、そして、ナタナエルに主に出会う機会を備えなかったら、そこに教会が建つことはなかったのです。ナタナエルの中にも出会いがおこり、そして、ナタナエルは、どんな活動をしたのかは分かりませんが、フィリポと同じように主に従い、そして一つの出来事が起こったのです。こういたしますと、教会というところは、主イエスとの出会いの場となり、そして出会いは出来事になり、信仰を与える。出会いの出来事は、さらに新たな出会いの出来事を生み出していくということになっていくのです。

私は、一人の方のことをお話し申しあげたいと思います。まだ国分寺におりました時、ご近所の方、教会には来ていらっしゃらない方でしたけれども、前々から顔は存じ上げている方でした。その方が来られまして、自分のお父様、もう高齢のお父さんが、「聖書の話を聞きたいと言っているからお願いできませんでしょうか」と言われるので、私はお宅にお伺いいたしました。当時、もう九〇歳近かったと思います。で、讃美歌を歌いまして、聖書のお話しを少しするということで、三回ほど伺いました。しかし、もう体力の衰えがはげしいので、起き上がってずーっと聞いていることがつらい、「もう少し状況が良くなったら又お願いしますけれど、一応これで打ち切らせてください」というのでお断りがあったのです。それから、四ヶ月位経ちましてから、「もう、危ないので一度来てください」と言われまして、お伺いいたしました。その方はベッドに寝ておられて、お顔を見ました時、私は「これはもう長くない。今の機会しかないなあ」と思ったものですから、その方に「洗礼をお受けになりませんか」と言ったのです。聖書の話は三回しかしていません。そしてそれっきりになったわけです。ですからこの方が、どれくらいキリストについて知っておられるか分かりません。どのように信じておられるか分かりません。しかし、私はこれは示された機会だと思ったのです。その方が目からぽろぽろ涙を流して、「受けたい」とおっしゃったのです。それで教会役員に諮りまして、数日後に病床で洗礼式をいたしました。二週間後に亡くなられたのですが、家族の方、一人一人に感謝の言葉を残して平安の内に召されました。その事が発端になりまして、奥さんの求道が始まりまして、二年後に、受洗をされ、そしてまた、その娘さん、わたしのところに最初に話をしていただけないか、と言って来られた方、その方も教会に来るようになられました。やがて私は、東所沢に移りましたら、その方も東所沢教会にずーっと来られまして、東所沢教会の受洗第一号になられました。

出会いは、出来事になり、そして出来事は新たな出会いを生み、そしてその出会いは出来事となる。これが私は、出会いの贈り物ということだと理解をしております。

もう一度ナタナエルのところに戻って見ましょう。主イエスは、ナタナエルが、ご自分の方へ来るのを見ると、言われました。「見なさい。まことのイスラエル人だ。この人には偽りがない」。主イエスくらいの人ですから、初めてぱっと見た途端に、その人の内容が分かるということは恐らく有り得たかも知れません。私も、時々今まで一度もお会いしたことの無い方の葬儀をさせていただくことがありますが、いつもそこで不思議なことを経験するのです。一度もお会いしたことがないのですけれども、葬儀の打ち合わせにまいりますと、そこでこの人はこういう方なんだなあ、というふうに示される。大体間違ったことはないですね。これは神様がやっぱり示してくださったのだなあーと思います。

主イエスが、そういうふうに言われたのは、一目見て見抜かれた、ということではなかったのです。ナタナエルが、「どうして、わたしを知っておられるのですか」と申しますと、主は言われるのです。「わたしは、あなたがフィリポから話しかけられる前に、いちじくの木の下にいるのを見た」。いちじくの木の下にいたというのは、特別の意味があります。いちじくだけではないのですが、こうした木の下というのは、しばしば信仰熱心なユダヤ人にとっては、聖書と祈りとそして黙想の場所でした。恐らくナタナエルは、いちじくの木の下で聖書を読み、そして祈り、黙想をしていたのだと思われます。主イエスは、その姿を見られた時に、あっ、この人は目に偽りがない、これはまことのイスラエル人だ、と見られたのです。私も、ほんとうに神に祈り、黙想する人の真実ということに、信頼することができると考えております。

内村鑑三と宮部金吾、後に北大の植物学の教授になられましたが、非常に有名な方でありますす。この二人は親友だったのです。学生時代同じく札幌の農学校に学んだわけです。クラーク博士の感化によりまして、この二人はいずれも信仰を持つようになりました。内村鑑三と宮部金吾は、寮の同室だったのです。一日の勉強が終わって、寝る前に早く勉強が終わったほうが聖書を開く、後から終わった者は、そっと聖書をもって座をはずして、別なところに行って聖書を読み、そして祈る。けれどお互いに祈っている相手の姿を見ている。この事が非常に二人の間にとっては重要なのです。そういうふうに聖書を読んで祈っている人の真実を信頼することが出来る。ですから私もそういう意味でお互いに聖書を読み、祈っている姿を見るということは非常にだいじな事だと思っております。

ナタナエルは、自分が主イエスを知るより前に、主イエスは知っておられる。自分が、主イエスに出会う前に主イエスは自分と出会っていてくださったことが分かります。そして更に主イエスがフィリポに出会い、フィリポが自分に出会ったのは、自分が主に出会うために備えられていたのだということが、彼には分かったのです。そういたしますと、天は開かれていたのです。この主イエスにおいて、この人の子において神ご自身が私たち地上の者と出会いになられるということが起こっているのです。

私は国分寺におる時に石川正一君という青年に出会いました。ご存じの方もいらっしゃるかも知れませんが、彼は進行性筋ジフトロフィー、進行性筋萎縮症という病気を患っていたのです。これは難病中の難病でして、原因も分からなければ、治療の方法も分からない、麻痺が足からずーっと始まりまして、段々上がってやがて手にもきて、それが段々段々と内臓に行き、そして肺に行き最後に心臓に行って終わるという病気です。彼が発病しましたのは、幼稚園の頃ですが、彼自身がその事を知りましたのは、一四歳の時だったのです。その時彼は、現在の医学では、こういうような場合には二〇歳までの命ということを知りました。その事を父親が知らせなければならなくなったのですけれども、それから両親はたとえ二〇歳まででであったとしても、充分に生きた、精一杯生きたという思いを味あわせたいと願いました。そして彼自身も精一杯生きようと願うのです。

けれど、これは非常に困難な事でして何度も挫折というか、心くじかれます。「ぼくなんか、生まれてこなければよかった」と泣きわめいてのた打ち回るような、そういう苦しみを経験しまして、そこからキリストに出会い、信仰に導かれるようになりました。彼はこういうふうに信じていました。「自分の生きる意味は、神から与えられたもの、それは生かしていただいている存在、従って自分の生きる意味は、筋ジスの患者として、精一杯生きること」そして彼はみごとに生きるわけです。多くの人々が、彼の生きる姿に感動し、共感し、励ましを受けます。母親が書いているのですが、「彼のような生が成立するのは、同情や哀れみではない。同情や哀れみと言うのは、自分は哀れまれるべき存在として、自分を規定することになる。そうではなくて、彼の生に対する感動と共感が彼の生を成り立たせる。」私も彼に会いに連れていっていただいたのですが、連れていっていただいたということも、不思議な出会いに導かれていたのです。私も彼の姿に大変感動と共感とをおぼえました。

彼はある時、父親とその親友の話しを聞きました。中学の同級生だったそうですが、その方は海軍兵学校へ行きまして、終戦後帰って来たのですが、しかし、病気になります。手紙をよこして、自分の近況を知らせて「是非君の話を聞きたい」と。正一君の父親というのは、なかなか暴れん坊でしたが、しかし、色々物事を考える人で、いろんな考えを述べたようです。友人の方は、黙って聞いている方でしたが、「君の話しをもういっぺん聞きたい、キリスト教の話しを聞きたい」と言うので、父親は会いに行くのです。「残念なことに、今僕はキリスト教には御無沙汰しているのですけれど、自分なりに人生を模索しているのです」という話をするのです。そしたら「率直に言ってくれて非常に嬉しい」と言って、いろいろ話をしたというのです。しかし、その次ぎはもう彼は病院に入院していまして、治療に当たっていたのです。そして、父親の方は、その後色々模索をしながら、教会に行くようになりまして信仰を持つのです。

病院に見舞いにいきました時に、キリスト教の話をいろいろしました。「そうか、僕もキリスト教を学んでみよう」とその友人が言い、それから聖書を読み、牧師の話を聞くようになったようです。二度目に病院に見舞いに行った時、この友人は言います。「僕も洗礼を受けるように決めたよ」。で、二人は手を握りあって喜んだのですが、「ほんとうなら二人で、これからキリストに従って行く歩みを一緒にしていくはずなのですけれど、僕には、もう時間が無い。」面会時間も二〇分と制約されている中、しかし、「君と出会えて良かった。間に合って良かった」こう言ってこの人は亡くなるのです。父親は、「間に合って良かったというのは、確かにその通りだけれども、しかし、残される俺はどうなんだ」と言って、おいおい泣きながら帰ってきたと言うのです。

この話を聞きました時に、石川正一君は、自分の父親は、この死に直面した友人のために、生かされていたのだ、というふうに確信しました。この出会いのために、そして、彼自身も、誰かとの巡り合いの日のために、神から生かされているということを信じた。その事は、最後の最後まで続きまして、数多くの出会いが生まれました。そういうふうにして出会った人の中に、最首《さいしゅ》悟《さとる》という人がいました。

私がこの名前を聞いたのは、その時ではありませんで、もっと前一九六〇年代だったと思います。『世界』という岩波から出ている雑誌がありますが、それの中にこの人が書いた論文が載っていたのです。もう内容は忘れました。しかし、読んだ時に「この人、他の人とは違うなあー」とこう思ったのです。それで名前が頭に残りました。この方は、東大で生物学を専攻し、将来を嘱望されていたのです。当時は講師でしたが、丁度学園紛争のあった時期です。東大でも、ご存じのように、大きな騒動がありまして、安田講堂に全学連が立て篭もって、激しい攻防が警察との間にあったのです。その時に最首さんは全共闘を支持したのです。それでその後、この方は万年講師、助教授になれず、最後まで講師で終わったのです。

その最首さんが、この石川正一君の訪問教師になったのです。つまり、日野市では、彼のような学校に行けない子供のために、訪問教師の制度がありまして、その人がそこへ尋ねて行って、色々教えるのです。恐らく生物学を専門にした人ですから、理科の授業をしたのだと思います。やがて最首さんも、正一君の生き方に感動をします。やがて最首さんに子供が生まれたのですが、それはダウン症の子供でした。出産の見舞い、出産の見舞いと言うのはおかしいですけれど、石川君の父親は、お見舞いにいくのです。そうしましたら最首さん「授かりました」と言ったそうです。で、父親は「お仲間になりましたね」と思わず言ってしまったようです。正一君は、その後一九七九年六月二三日に二三歳と六ヶ月の生涯を閉じます。予想されていた満二〇歳よりも少し長く生きたということでしょうか。家族の希望による解剖に立ち会った医者は、「すべての筋肉、すべての組織が、完全に燃焼されていました」と報告しました。こういうような生涯でありました。

それから一〇数年経ちまして、私たちの教会にK君という青年が来ていたのです。東所沢教会が開設されて間もなくの頃から、当時小学生であった彼は、母親と一緒に教会に来まして、礼拝の間は、遊んでいるのですけれど、ずーっと続けて来ておりました。父親は無教会派の集会に出ている医者ですが、母親の方はターミナルケアにかかわるカウンセラーでした。彼は、高校に入るときに洗礼を受けました。こちらはすすめませんでしたが、向こうから「洗礼を受けたい。自分の位置をしっかり決めておきたいから。」と彼は言いました。医学部志望でしたが、現役での受験は失敗しました。そして医学専門の予備校に行くことになりました。しばらく経ちましてから、私は彼になにげない慰めのつもりで「予備校に行ってよかったじゃないか」と言ったのです。これは駄目だから予備校に行ったということではなく、やっぱり予備校に行って良かったというふうに思わなければ、本当にいい勉強は出来ない、と思ったからです。彼はすぐに返事をしました。「本当に良かったと思います。最首先生に会えましたから」と言うのです。彼は最首先生から話を聞きまして、特に障害児と共に生きるという話を聞いたわけです。それは非常に彼に感動を与えました。そして彼は、自分の生涯を障害児の医療のために捧げたいと、願うようになったのです。現在、医大で医学を学んでおります。

出会いは出会いを生み、そして出会いは出来事となる。そしてその背後にはキリストがおられる。キリストは復活の日以来、ダマスコの城外で迫害者サウルを、使徒パウロにすべく待ち受けておられるように、私達の人生の中で、私達に会うべく待っておられる。

キリストに出会うなら、そこには私達の内に救いの出来事が起こる。私達は出会いの贈り物として信仰を受ける。そして出会いは出会いを引き起こし、出来事は出来事を引き起こす。そして、私達はそこで「ああ、キリストは生きておられる」ということを覚えさせられる。そういたしますと、キリストと、そういう意味で出会わせていただいたと共に、私達は自分自身のためではなく、巡り合うべき誰かのために、出会うべき誰かのために生きている。そしてそれは無意味になることはない。私はそういう意味で御言葉においてキリストに出会うということ、その事を大事にしたいと思うと共に、いろんな所で、いろんな人と出会うその出会いというものを、ほんとうに大切にしたいと思います。そして、その機会がキリスト或いは神に出会う機会として、備えられるようにと願っております。

私はこれが伝道ということだと思っております。何か立派なお話を聞かせる事ではない。そうではなくて、「私はキリストに出会った」、そして「来て、見なさい」、というふうに言うことです。そしてキリストに出会うなら、その人の内にも出来事が起こり、出会いの贈り物としての信仰がそこで起こる。やがてそこにまた新たな出会いが起こり、出来事が生まれ、こういうふうになっていくのだと、考えております。どうかこの聖書会もやっぱり私は御言葉との出会いの時であるし、またここで私達は色々な人と出会う。そして出会いは出来事となり、イエス・キリストは、そこに生きておられる事だと信じております。

お祈り

天にいます父なる神様、キリストを私達にお遣わしくださり、私達と出会わせていただきました事を、心から感謝いたします。すでに出会っていた人々が私の出会いのために備えていてくださったのです。そして私共がその出会いにおいて、御言葉を受取り、それに生きて行く時、新たな出会いは生まれ、新たな出来事が生じることを、私達は信じております。どうぞ繰り返し繰り返し主イエスに出会って、主イエスを通してあなたと出会わせていただき、またそのことを通して他の人々との新たな出会いが生まれますように導きを与えてください。そしてその所でキリストが生きておられる事を私達が覚えることができるようにならせてください。どうぞこのひばりが丘聖書会をあなたが更に導き、出会いの場として備えられますようにお願いいたします。

主イエス・キリストの御名を通して御前に祈ります。アーメン

（一九九八年二月九日　ひばりが丘聖書会にて）

山下萬里（やました・ばんり）
日本基督教団東所沢教会牧師。2000年4月より同教会名誉牧師。
1924年兵庫県・神戸市生。1945年同志社大学文学部神学科卒業。
1950年按手礼一日本基督教団正教師。
1946年弓町本郷教会伝道師、1949年札幌北光教会副牧師、
1952年小樽公園通り教会牧師、1960年松山教会牧師（四国教区総会議長歴任）
1970年国分寺教会牧師、1986年東所沢教会牧師（開拓伝道）

主な著書　『光の中の創造――山下萬里説教集下』2000.
説教集Ｉ『平安をつたえる群れ――神の息に生かされて』1988.初版、1989.再版
説教集II『出発――主、備えたもう』1988.
説教集III『恐れるな――選びにこたえて』1990.
説教集IV『土の器――み言葉にゆだねて』1991.（共にヨベル刊）
『死の陰の谷を歩むとも』（共著）1983.
『新しい教会暦と聖書日課』（共著）1999.（共に日本キリスト教団出版局刊）

出会いの贈り物――山下萬里説教集 上

2000年 4 月 2 日　初版発行

著　者一山下萬里
発行者一日本基督教団 東所沢教会
発行所一株式会社ヨベル　YOBEL Inc.
東京都文京区本郷4-2-3　Tel 03-3818-4851
印刷・製本所一文唱堂印刷株式会社
定価はカバーに表示してあります。

配給元一日キ販　東京都新宿区新小川町9-1　振替00130-3-60976　Tel 03-3260-5670
　ISBN4-946565-00-0　Printed in Japan